Módulo Cinemática DMU de CATIA V5

Xavier González Freixer

Módulo de Cinemática DMU de CATIA V5

Xavier González Freixer

marcombo
ediciones técnicas

Módulo de Cinemática DMU de CATIA V5

Primera edición, 2013

www.marcombo.com

Corrección: Raquel Sayas Lloris
Diseño de la cubierta: NDENU DISSENY GRÀFIC
Agradecimientos a Emilio Rivera Peña (EnigmaDeLaFruta) por su colaboración en la portada.

ISBN: 978-84-267-1966-9
DL: B-1505-2013

Impreso en Closas-Orcoyen, S. L.
Printed in Spain

A mis padres

DMU Kinematics

El módulo de DMU Kinematics es utilizado para simular movimientos de mecanismos en CATIA, y poder así ver sus movimientos y analizar resultados. Para ello tenemos una serie de herramientas que nos ayudarán a llevar a cabo nuestras ideas o diseños en 3D.

Simulation with Commands

Mechanism Dressup

Revolute Join

Prismatic Joint

Cylindrical Joint

Screw Joint

Spherical Joint

Planar Joint

Rigid Joint

Point Curve Joint

Slide Curve Joint

Roll Curve Joint

Point Surface Joint

Universal Joint

CV Joint

Gear Joint

Rack Joint

Cable Joint

Axis-based Kpint

Fixed Part

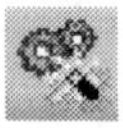
Assembly Constraints Conversion

Speed and Acceleration

Mechanism Analysis

Update Positions

Import Sub-Mechanisms

Reset Positions

Simlulation

Simulation Player

Clash detection (Off)

Swept Volumen

Trace

Contenido

Introducción

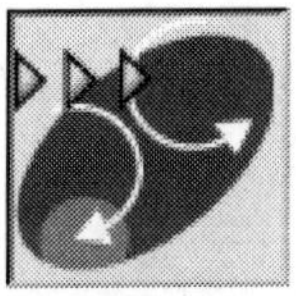

El módulo de **DMU Kinematics** se utiliza para simular movimientos de mecanismos en CATIA. De este modo, podremos ver sus movimientos así como analizar los resultados. Para ello tenemos una serie de herramientas que nos ayudarán a llevar a cabo nuestras ideas o diseños en 3D.

Para su utilización es necesario disponer de la licencia KIN-DMU KINEMATICS SIMULATOR, así como de los módulos básicos de diseño de CATIA (MD2). De este modo, podremos tener un control total del diseño, modificar las piezas y mejorar nuestros mecanismos.

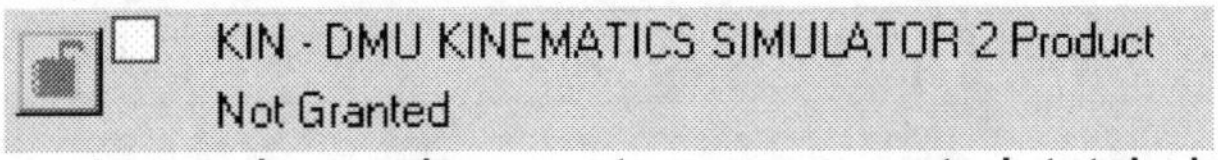

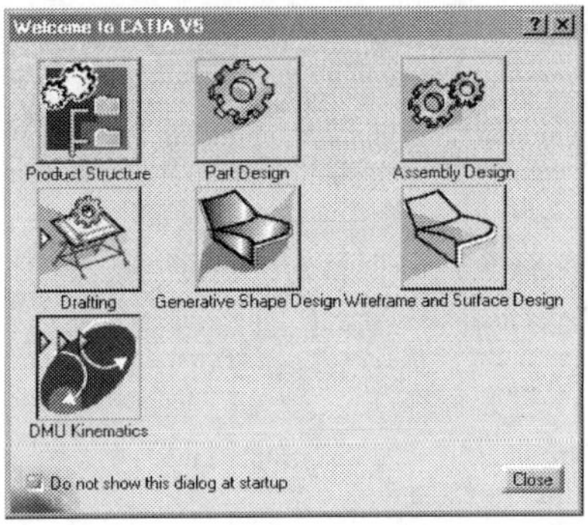

Para iniciar el módulo lo haremos a través de su icono que encontraremos en el menú superior: *Start > Digital Makup > KMU Kineatics*. O bien, configuraremos nuestro *Start Menu* y añadiremos dicha herramienta:

Antes de empezar debemos conocer algunos conceptos clave que hay que tener presente durante su uso.

Para empezar, cuando creamos operaciones de cinemática, también crearemos las *constraints* entre las piezas así como las operaciones en el mecanismo. Así pues, y para evitar contradicciones, en las *constraints* creadas y las que iremos creando, debemos eliminar todas las *constraints* que tengamos en el árbol si estamos seguros de que no las vamos a utilizar. Para ello, utilizaremos la herramienta *Assembly Constraints Conversion* que veremos más adelante en la página 37.

De forma esquemática deberemos seguir 4 pasos para crear nuestra simulación y posterior análisis.

Abrir un documento ensamblado (*CATProduct*)

Eliminar todos los *constraints* y crear los *Joints* de forma manual o convertir los *constraints* en *Joints* con la herramienta adecuada.

Crear la simulación

Analizar los resultados y modificar si fuera necesario el diseño.

Como muchas herramientas de CATIA, todas las operaciones que vayamos realizando con este módulo irán quedando reflejadas en el árbol del Producto.

La estructura del árbol quedará de la siguiente forma agrupada en el subárbol de Applications:

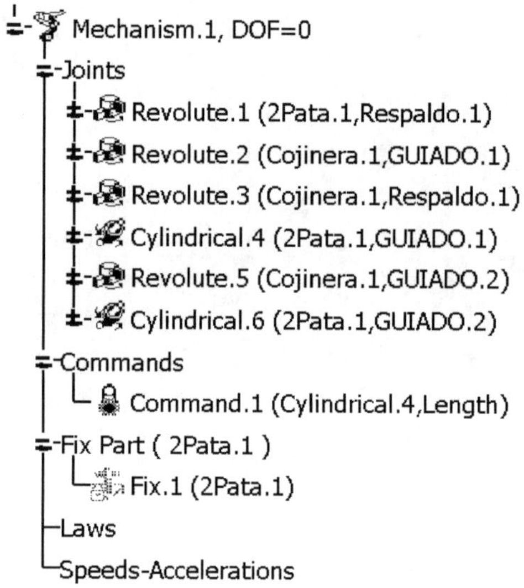

Mechanisms: Mecanismos creados con elementos del Product.
[Nombre del elemento simulado], DOF (Degree of Freedom, Grados de libertad)= 0 (este valor debe ser «0» para poder realizar las simulaciones.)
Joints: son las operaciones de este mecanismo.
Commands: limitaciones numéricas de las operaciones.
FixParts: elementos fijos. Solo podremos tener uno por mecanismo.
Laws: (Leyes) Sitio donde se irán añadiendo las leyes del mecanismo.
Speeds-Accelerations: Aquí veremos reflejados los posibles parámetros de aceleración y velocidades de los mecanismos.
Simulation: definiremos los movimientos que puede hacer cada mecanismo.
Sequences: con la ayuda de las simulaciones que hemos creado anteriormente podremos definir el orden que estas deben seguir así como si estas se entrelazan entre sí.

Simulation with Comands

Utilidad

Este icono nos permitirá tener control sobre los movimientos de un mecanismo creado con *commands*[1] a partir de los *joints*[2] creados con anterioridad.

Acceso

Accederemos a él a través del icono correspondiente en la barra de herramientas de DMU Kinematics.

Procedimiento

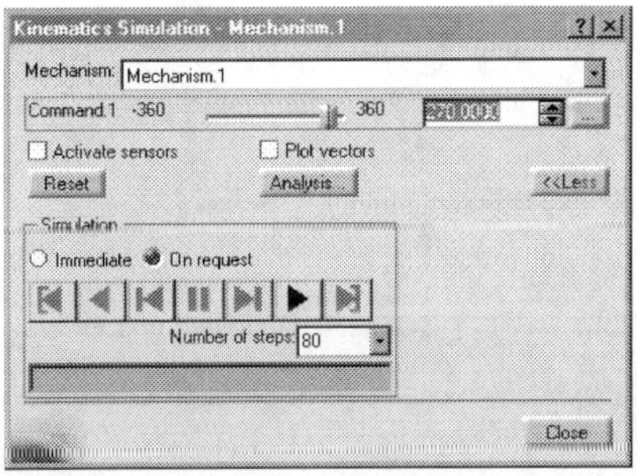

Al clicar sobre él se abrirá el cuadro de control del mecanismo.

Primero, seleccionaremos el mecanismo que queramos simular (para ello deberá tener *Commands* ya creados.)

En la parte superior del cuadro seleccionaremos con el desplegable el *Mechanism* que queremos simular, y justo debajo de este la barra de tiempo:

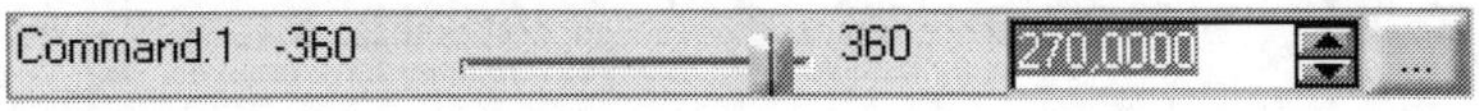

[1] Los *comands* son un grupo de *joints* que nos permiten crear y definir un movimiento.

[2] *Joints* son los vínculos entre elementos que veremos a partir de la página12.

Si quisiéramos limitar los valores máximos y mínimos utilizaremos el botón que se nos dispone al lado derecho del valor actual.

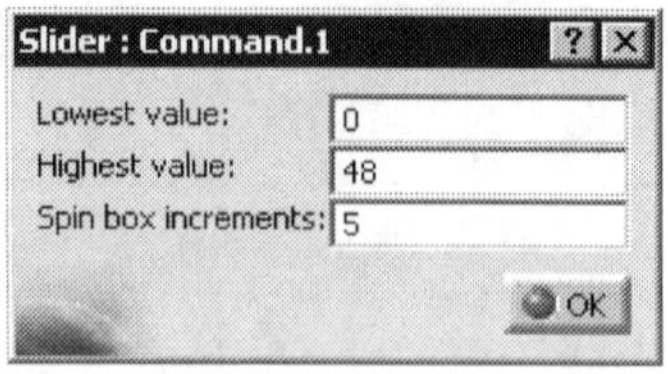

Desde el espacio de *Simulation* podremos controlar la simulación.

A partir de aquí podremos visualizar el movimiento del mecanismo de dos maneras:

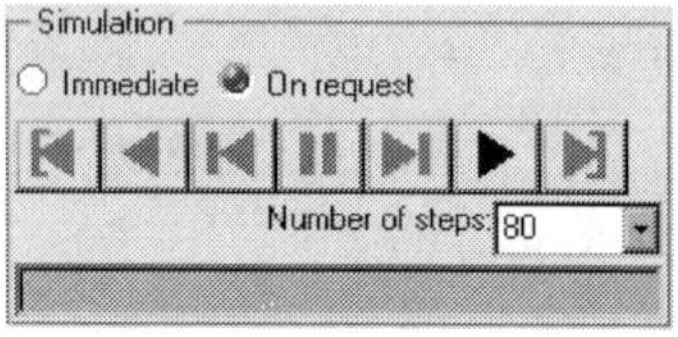

- *Immediate*: con la ayuda del ratón moveremos los elementos. CATIA nos indicará qué elementos y qué dirección tomará al seleccionarlo. Para arrastrarlo, pondremos el ratón encima de él
- *On request:* introduciremos valores y, al clicar en el botón de *Play* veremos los movimientos. Utilizaremos el resto de botones como si de un reproductor se tratara.

Con el desplegable de *Number of steps* definiremos el número de pasos que debe dividir la simulación.

Con el botón 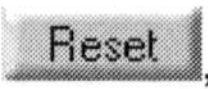

, colocaremos la barra *Slider* de tiempo en su posición inicial

Con el botón 

veremos el análisis de cotas (3D) que tengamos en el 3D a la hora de realizar el movimiento.

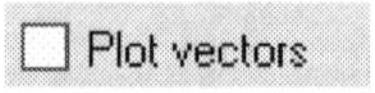

Si lo seleccionamos, podremos visualizar en el *Product* o en una nueva *Part* los vectores de movimiento. Es decir, por ejemplo, ante una rotación nos dibujará un eje.

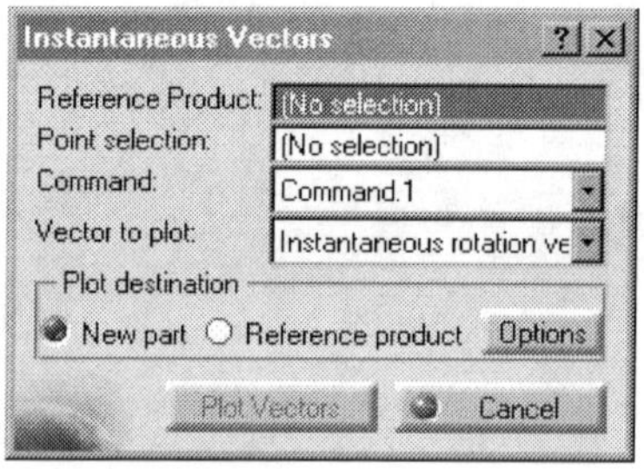

Para los movimientos de rotación, al utilizar esta herramienta conseguiremos ver la trayectoria de un punto.

Existe la posibilidad en todas las operaciones de conocer los valores en cada punto del movimiento, ya sea longitudes o angulares.

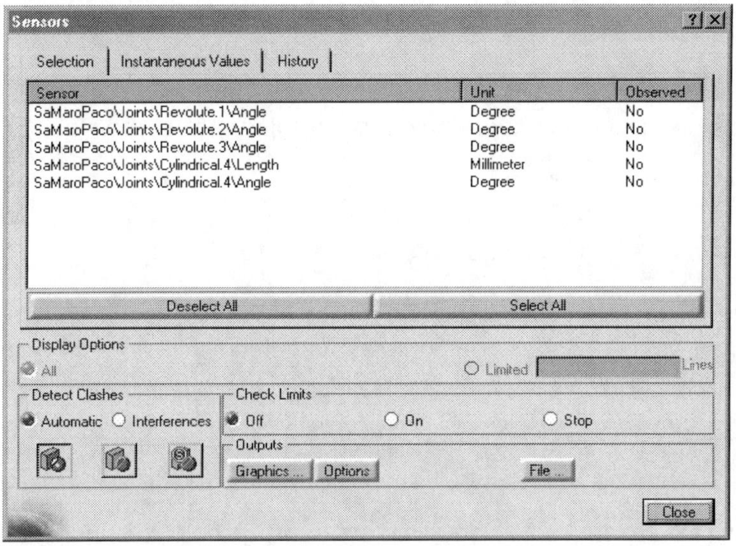

El cuadro está dividido en distintos apartados:

En la parte central superior, veremos 3 pestañas. En la primera de ellas, encontraremos una relación de sensores con las unidades de cada uno y si este está activo o no. En el caso de estar activo, este será objeto de análisis. La siguiente pestaña es el listado de valores en tiempo real durante la simulación. Y, la última, nos ofrecerá un historial de todos los análisis que se han ido ejecutando.

Justo debajo de ellos encontramos la posibilidad de definir el rango del mecanismo a analizar, con la opción de seleccionarlo todo o bien limitarlo a un número de líneas de análisis.

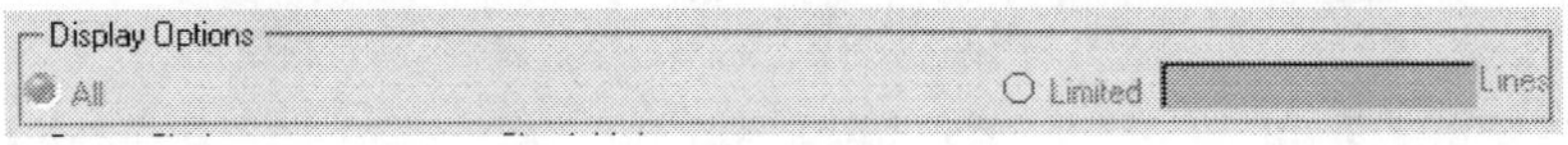

Debajo de este tenemos tres espacios más. En el primero de ellos, a la izquierda del cuadro, podremos ver en tiempo real y durante la simulación, cómo interaccionan los elementos entre ellos a nivel de posibles colisiones.

Dependiendo del icono que esté activo, la posible colisión se comportará de forma diferente.

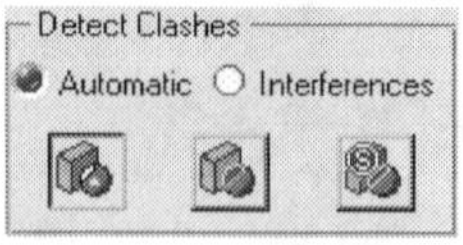

 Ignore las posibles colisiones.

 Nos muestra las intersecciones con elementos en rojo, pero el movimiento no se detiene.

 Se detendrá en el caso de que haya una colisión.

Al lado de este cuadro encontramos dos espacios más. Por un lado, el cuadro de *Check Limits*, donde podremos definir el comportamiento del movimiento ante una posible colisión.

Por otro lado, el último cuadro nos permitirá ver una gráfica (clicando en 

) de los resultados, y con 

podremos personalizar dicha gráfica.

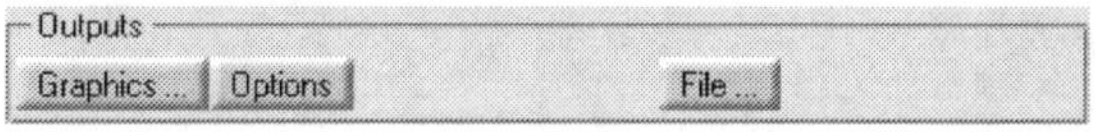

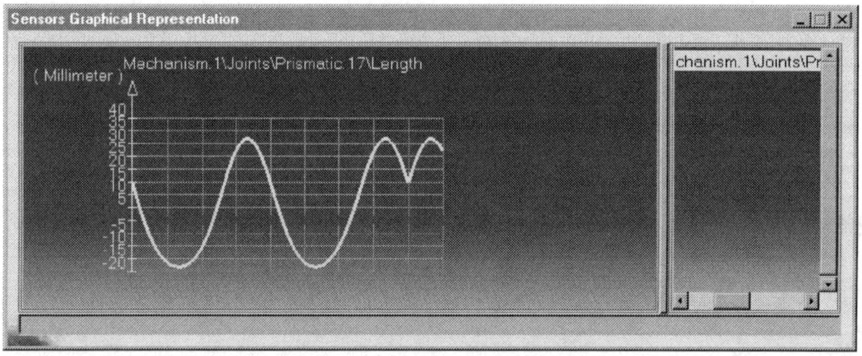

Posteriormente podremos guardar los resultados en un Excel con la ayuda del botón *File*.

Notas

 Simulation with Laws

Al desplegar el icono, encontramos otra manera de realizar las simulaciones, mediante leyes (*Laws*).

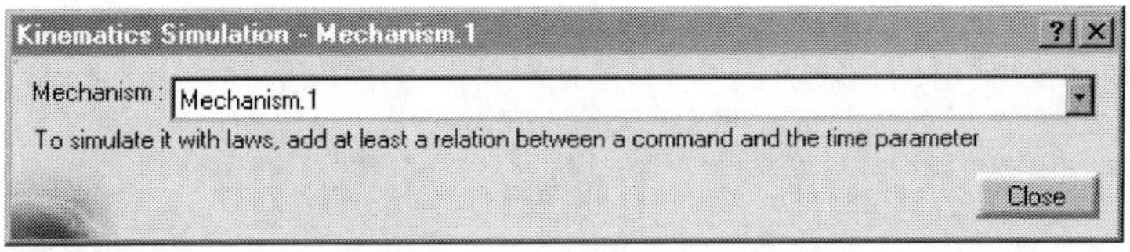

Simplemente deberemos seleccionar el mecanismo que queramos simular, este debe tener leyes (*Laws*) en su árbol.

Automáticamente quedará vinculado y el mecanismo se regirá por la ley para simular el movimiento.

Mechanism Dressup

Utilidad

Utilizaremos esta herramienta para enlazar los movimientos de una operación a más piezas o productos.

Acceso

Accederemos a él a través del icono correspondiente en la barra de herramientas de DMU Kinematics.

Procedimiento

Al clicar sobre el icono, nos aparecerá un cuadro, en el cual primero deberemos seleccionar/ crear un *Nuevo Dressup.*

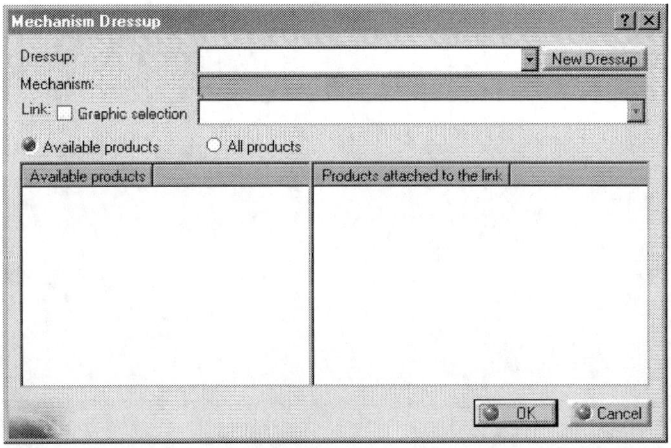

En el primer listado de la izquierda del cuadro veremos los Productos (*Part, Products*, etc.) disponibles, es decir, que no tengan vínculos con nadie.

Y a su derecha los Products. A partir de su selección podremos seleccionar con el desplegable contra qué Product queremos que vaya enlazado como si fueran uno.

Notas

 **Fixed Part**

Utilidad

Todo mecanismo deberá tener un elemento fijo. Para ello, utilizaremos este icono

Acceso

Accederemos a él a través del icono correspondiente en la barra de herramientas de DMU Kinematics.

Procedimiento

Clicando sobre el icono nos aparecerá un cuadro donde deberemos seleccionar el mecanismo al que queremos añadir un elemento fijo. En el caso de tener un mecanismo creado, nos dará la posibilidad de crearlo en el momento (*New Mechanism*). Hecho esto tan solo deberemos seleccionar la pieza o Product en cuestión.

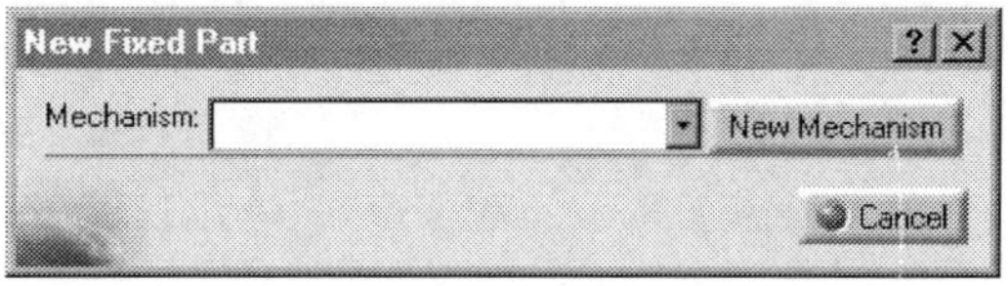

Solo podremos fijar un solo elemento. En el caso de que haya más de uno, deberemos utilizar otras herramientas dentro del mismo módulo (*Rigid Joint,* véase página 25).

Notas

No podremos fijar más de un elemento por *Assembly*. Si tuviéramos más de un elemento que fijar utilizaremos otras herramientas como  *Rigid* Joint que veremos en la página 25.

Revolute Joint

Utilidad

Este icono nos permitirá crear uniones entre elementos que tengan entre sí una relación de giro y concentricidad.

Acceso

Accederemos a él a través del icono correspondiente en la barra de herramientas de DMU Kinematics.

Procedimiento

Al clicar en el icono nos aparecerá el cuadro de creacion de *Joints*.

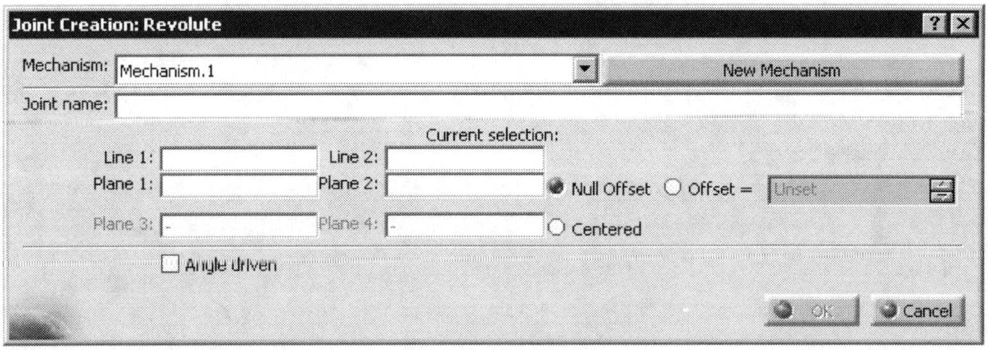

Lo primero que deberemos hacer será seleccionar el mecanismo donde queremos insertar el *Joint*.

A continuación, tenemos un campo donde dar un nombre al *Joint* (*Joint name*) y justo debajo los distintos campos que definirán la acción.

Line 1: 1º eje de revolución del primer elemento.

Plane1: plano perpendicular a la línea1.

Line 2: 2º eje de revolución del segundo elemento.

Plane 2: Plano perpendicular a la línea 2.

Al aceptar ambas líneas coincidirán o bien los planos tendrán contacto. Podremos variar la distancia entre planos con el campo *Offset* de la derecha del cuadro.

Activando el valor *Angle driven* crearemos el *Command* correspondiente. Aquí podremos definir los ángulos de limitación de la operación. Deberemos indicar los límites superior e inferior. En el caso de no activar el *Angle driven*, CATIA entenderá que dicho *Joint* es libre sin restricciones ni control.

Existe la posibilidad de definir el plano de apoyo y centrarlo entre dos planos o elementos, con la ayuda de los campos Plane 3 y Plane 4.

Ejemplo de aplicación:

Existen multitud de ejemplos en nuestra cotidianidad. Posiblemente, los más utilizados sean los pomos o manetas de las puertas, o las ruedas de un coche. Cualquier elemento que gire entorno a otro necesitara de este *Joint* para su funcionamiento.	

Notas

Desplegando el icono, nos aparecerán nuevos tipos de *Joints*, agrupados en una barra de herramientas llamada *Kinematics Joints.*

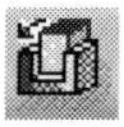

Prismatic Joint

Podremos crear uniones prismáticas, es decir, movimientos lineales.

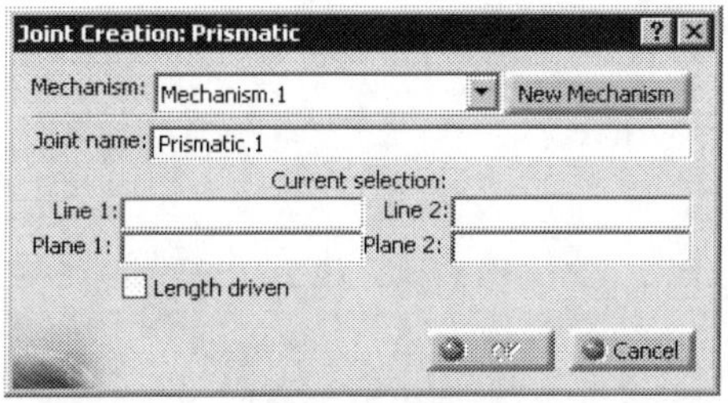

Deberemos fijar nuevamente un elemento, y, a continuación, al clicar el Prismatic Joint, seleccionaremos el mecanismo a aplicar.

Seleccionaremos el camino (*Line 1/Line 2*) que deberán permanecen en cada elemento. También, dos caras que deben coincidir en los elementos *(Plane 1/Plane 2).*

Con *Lenght Driven* nos creará el *Command* correspondiente en el árbol.

Ejemplo de aplicación

Existen multitud de ejemplos donde podemos aplicar este *Joint*. Posiblemente a nivel industrial lo más utilizado son las uniones guiadas de carros.	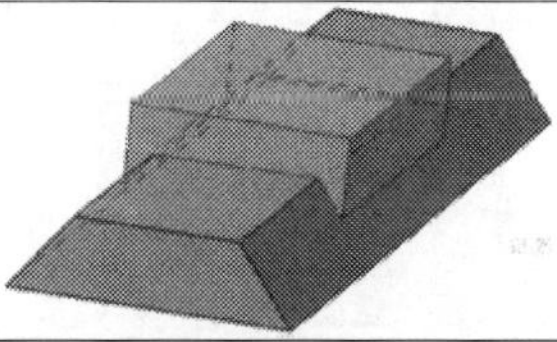

Cylindrical Joint

Podremos realizar movimientos de avance y giro (Rotativo). Juntos o por separado.

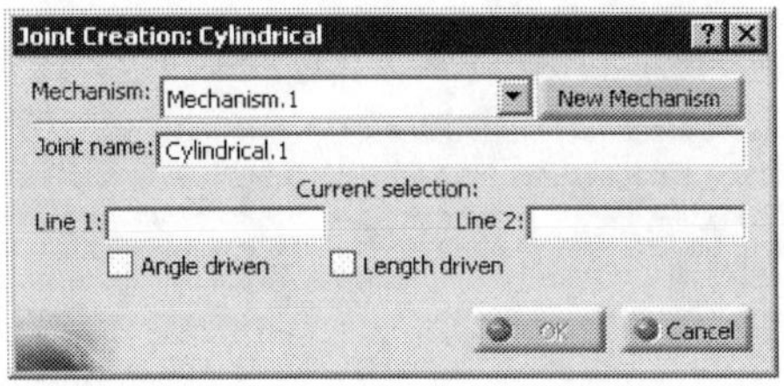

Deberemos seleccionar dos elementos (ejes/líneas) que utilizarán como elementos coincidentes.

Activando la opción (Angle driven/Lenght driven) para crear los *commands* podremos crear un movimiento que nos recordará a un taladro, es decir, de avance y de giro.

Ejemplo de aplicación

El eje de una hélice o un elemento que se desplace por una varilla, como puede ser la mina de un bolígrafo retráctil.	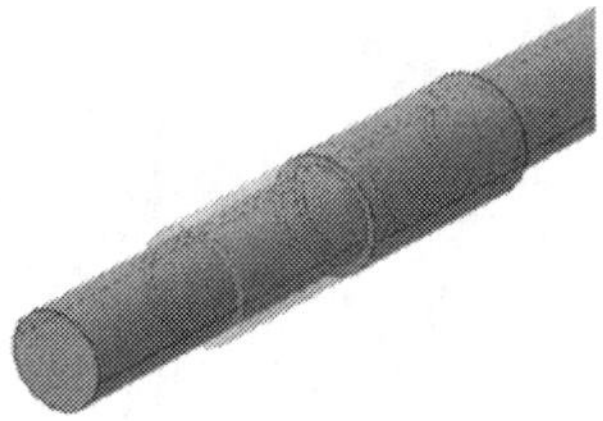

 Screw Joint

Podremos simular el movimiento de roscado de dos elementos.

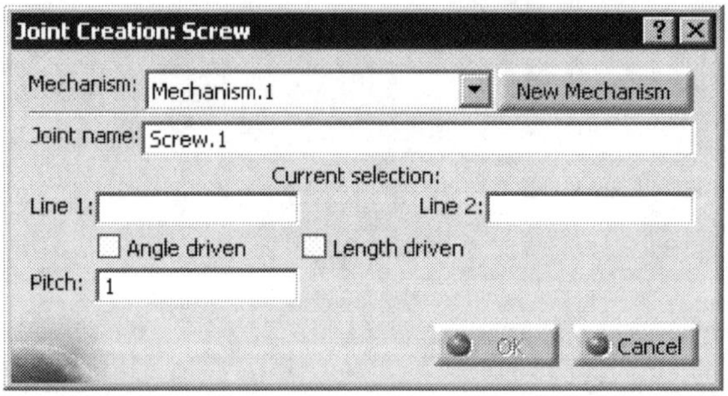
Joint Creation: Screw

Mechanism: Mechanism.1 | New Mechanism

Joint name: Screw.1

Current selection:

Line 1: | Line 2:

Angle driven | Length driven

Pitch: 1

OK | Cancel

Deberemos seleccionar dos elementos (ejes/líneas) que utilizarán como elementos coincidentes.

Y, a continuación, el paso de rosca de dichos elementos (*Pitch*).

Activando la opción (*Angle driven/Lenght driven*) para crear los *commands,* podremos crear un movimiento que nos recordará a un taladro, es decir, de avance y de giro.

Ejemplo de aplicación

Movimiento de un tornillo en el momento de roscarlo en una pieza o placa. U un ejemplo más industrial, un tornillo sin fin.	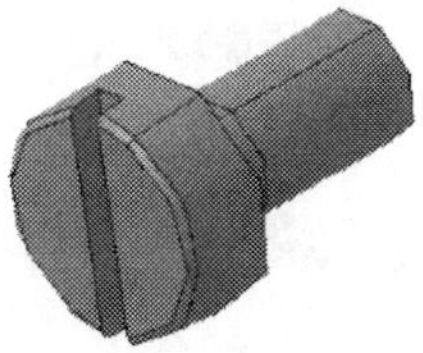

 Rigid Joint

Nos permitirá unir entre dos *components* de tal manera que si un componente se mueve por sus *Commands*, el segundo *component* le seguirá. (Es el equivalente al *Fix Toghether* de los *constraints.*)

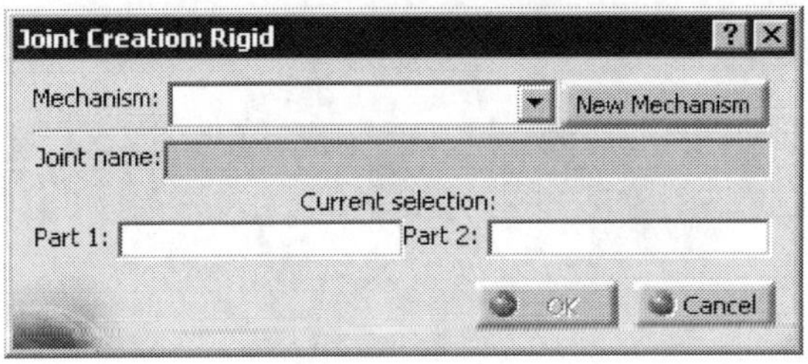

Seleccionaremos un mecanismo y acto seguido los dos elementos que queramos vincular. En el caso de querer unir más elementos, deberemos repetir el proceso seleccionando un nuevo elemento y uno ya vinculado a un *Rigid*.

Ejemplo de aplicación

Piezas que forman parte de un mismo grupo de piezas, donde una de ellas manda sobre las otras. Por ejemplo, los elementos montados encima de un carro.	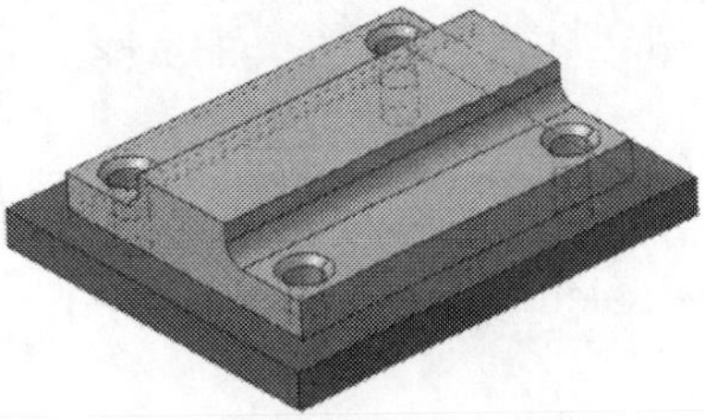

 Planar Joint

Haremos coincidir dos planos. Podrá pues ir hacia cualquier dirección siguiendo y tocando plano con plano.

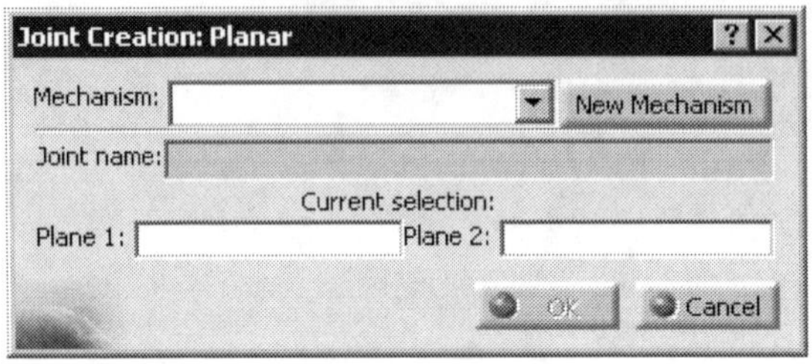

Seleccionaremos el mecanismo en cuestión al que añadir dicha unión, y los dos planos que deberán ser coincidentes.

Ejemplo de aplicación

Movimiento que generamos al deslizar nuestro ratón por encima de la mesa o alfombrilla.	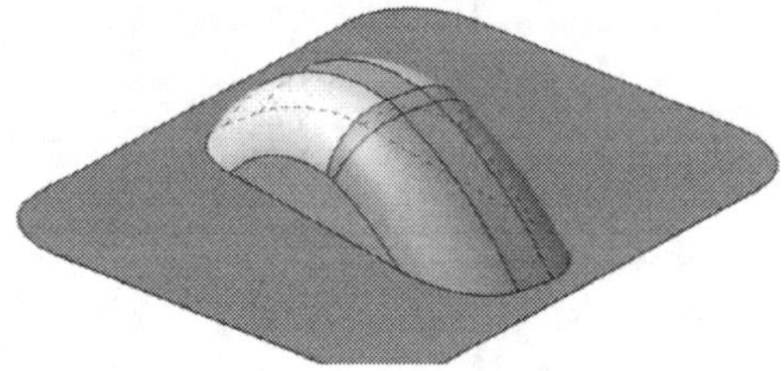

 Spherical Joint

Nos permitirá crear movimientos en los que exista un punto coincidente, de modo que la coincidencia entre ellos sea permanente. Un caso muy claro sería una rótula.

Para ello es necesario primeramente disponer de un punto en cada *Part* que podamos seleccionar.

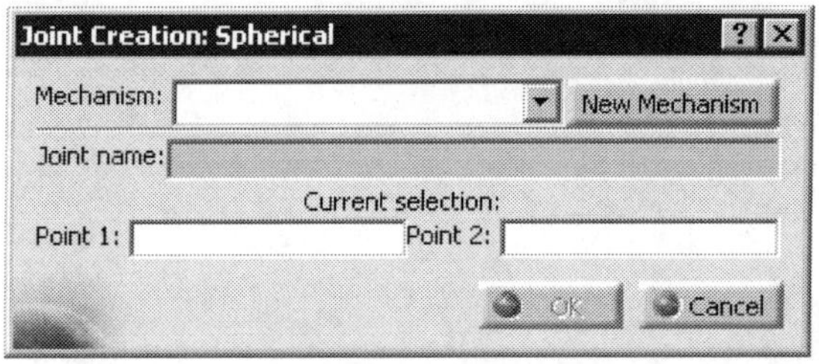

Hecho esto, clicaremos el icono correspondiente a la operación y seleccionaremos desde el cuadro los dos puntos que deberán ir unidos.

Ejemplo de aplicación

Rótula de unión del soporte de un trípode de una cámara.	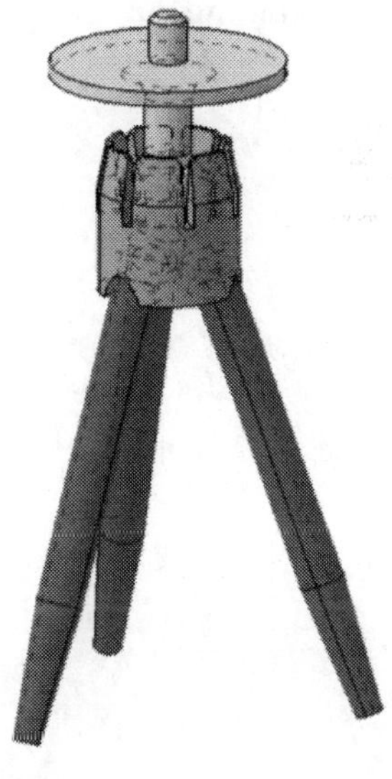

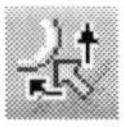 Point Curve Joint

Podremos crear operaciones que nos permitirán definir, a partir de un punto y una curva, en distintas *Parts*, que el punto sirva como referencia para seguir una curva que tendremos en otra pieza o viceversa.

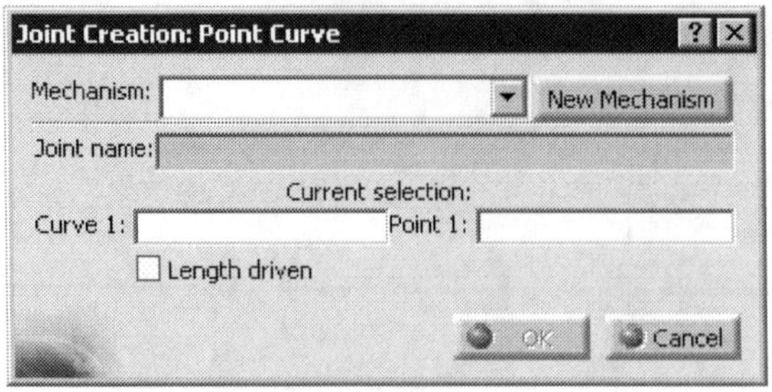

A la hora de aplicar esta orden, el punto y la curva deben estar en contacto.

Marcando la opción de *Length driven*, podremos controlar la posición de dicho punto respecto el punto.

Ejemplo de aplicación

Una esfera (punto) siguiendo un recorrido irregular (*spline*).	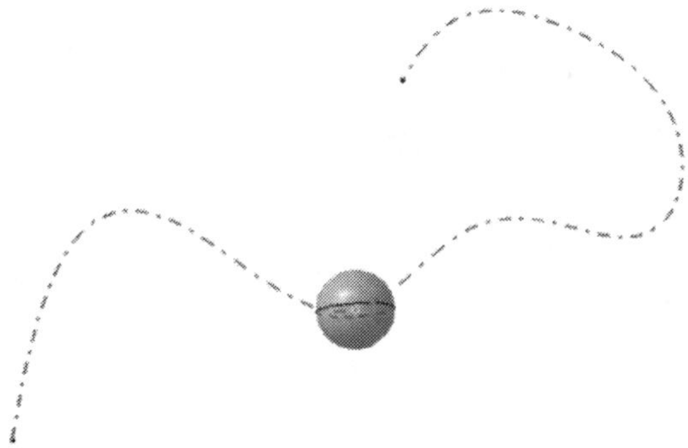

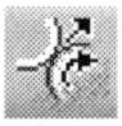 Slide Curve Joint

Nos permitirá crear una operación entre dos curvas, manteniendo entre ellas un contacto continuo y manteniendo así la relación de longitud entre ambas aristas. De este modo, cada punto que forma la curva coincidirá con los puntos de la otra curva al realizar el movimiento.

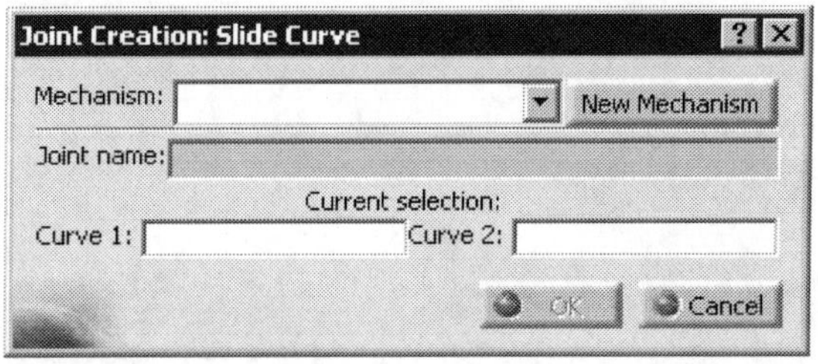

Ejemplo de aplicación

Relación entre la arista de las vías del tren y la arista de una de las ruedas del tren.	

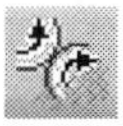 Roll Curve Joint

Con ello podremos crear una operación cuya propiedad es la de mantener el contacto de dos curvas y que al mismo tiempo exista el efecto de rozamiento entre ambas curvas.

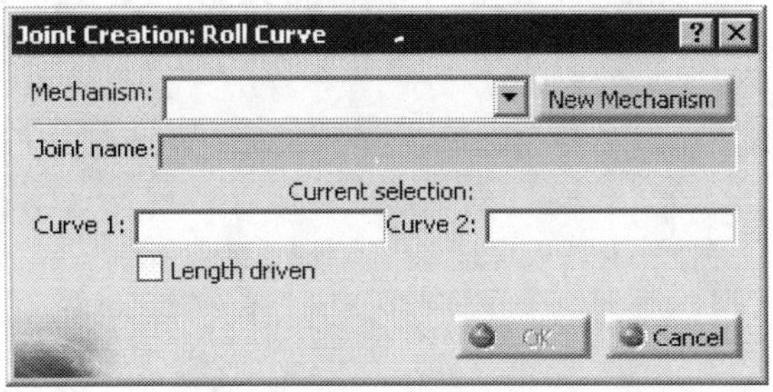

En este caso, a diferencia de la orden anterior, podremos controlar la posición seleccionando el *Length driven*.

Ejemplo de aplicación

Mecanismo de transmisión de potencia entre dos poleas por fricción. Este caso lo vemos en multitud de mecanismos de la vida diaria.	

 Point Surface Joint

Podremos crear una operación que nos cree una unión entre un punto y una superficie.

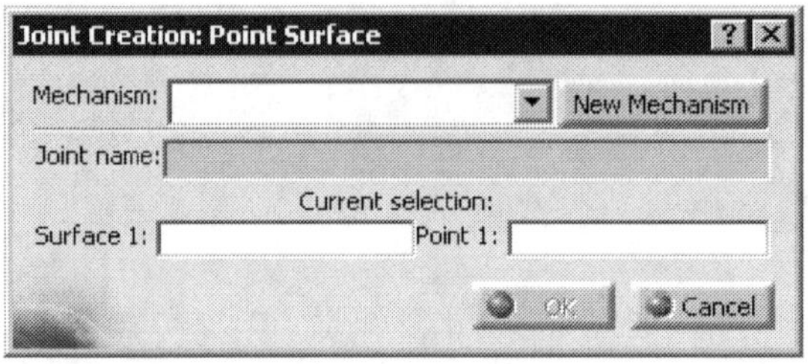

Con ella aseguraremos que un punto contenido en una *Part* esté siempre en contacto con una superficie irregular, sea cual sea la dirección que tome (V/H) en la superficie.

Ejemplo de aplicación

Este caso lo encontramos cuando simplemente estamos haciendo garabatos en una superficie irregular.	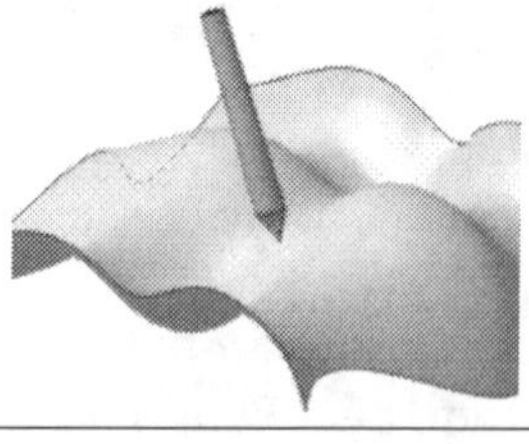

Universal Joint

Nos permitirá crear un tipo de Joint que hace que dos elementos tengan el mismo movimiento giratorio.

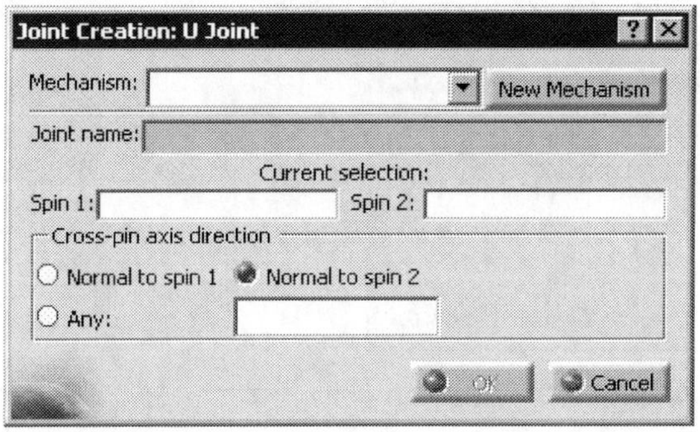

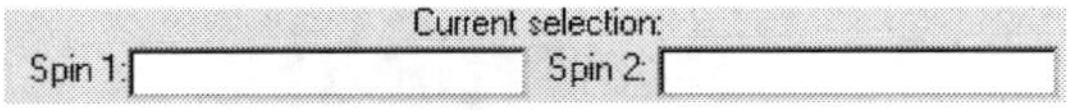

Ejes de los dos elementos.

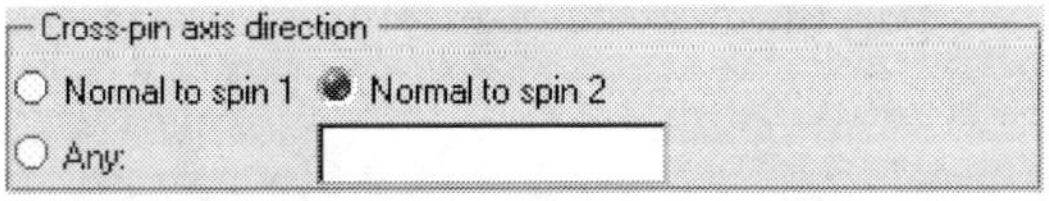

Ejemplo de aplicación

Por ejemplo, el funcionamiento de un cardán. O en el caso de realizar un movimiento por un lado y que tengamos que repetirlo en otro punto del mecanismo.	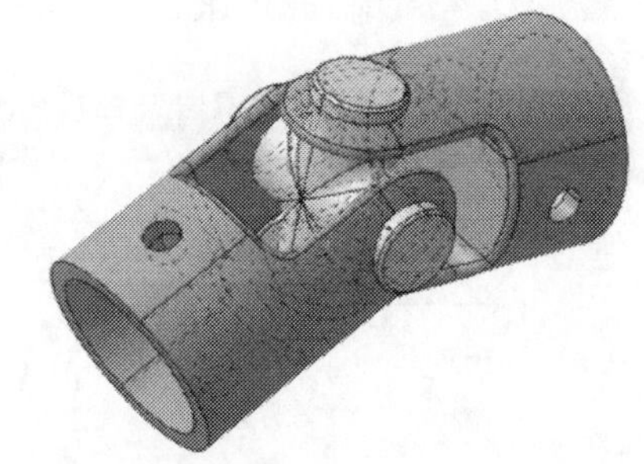

CV Joint

Capacidad para realizar un movimiento de giro (comandos Circulares) a un elemento y transmitirlo (aunque no se toque) a un segundo, y este al tercer elemento.

(Es la suma de dos *Universal Joint*)

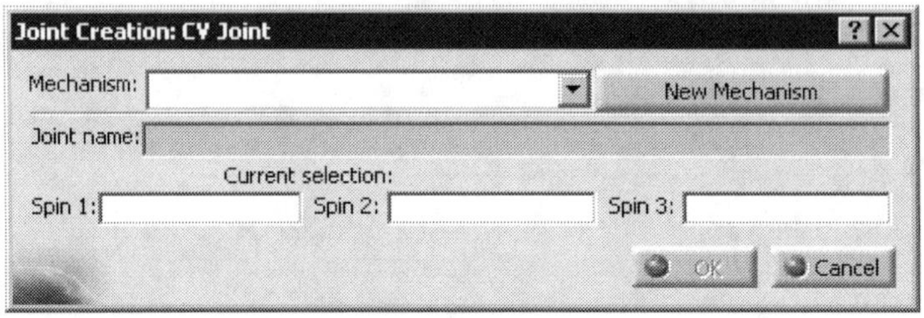

Ejemplo de aplicación

Transmisión de potencia entre dos ejes a distinto nivel o no coincidentes.	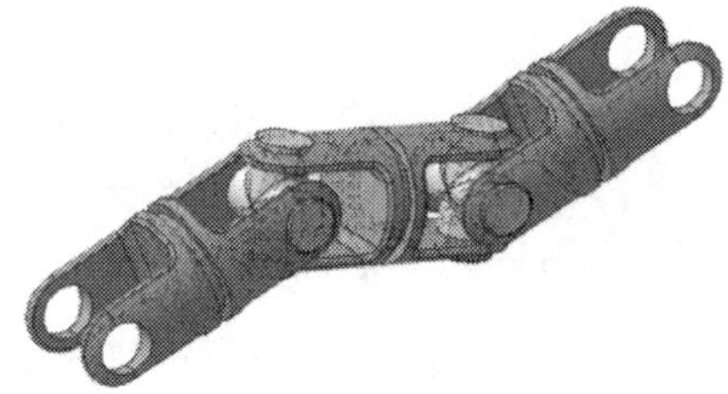

Gear Joint

Nos generará operaciones que se comportarán como si de engranajes se tratara.

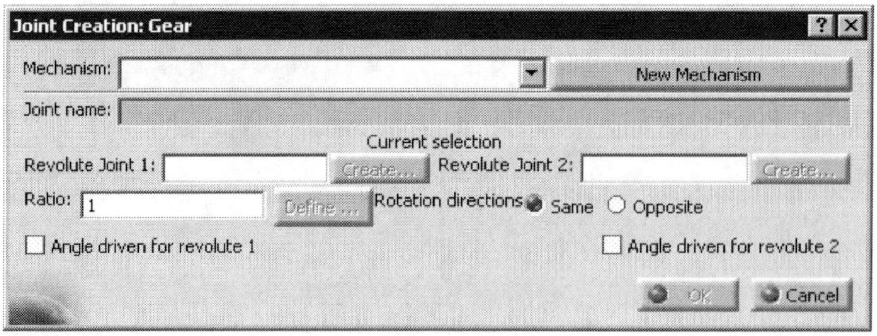

Indicaremos en el cuadro dos  *Revolute Joint* ya creados (o los creamos al momento) y a continuación en el campo de *Ratio* indicaremos la ratio correcta, es decir, la relación entre los engranajes.

Si quisiéramos conocer la relación entre dos elementos que no conocemos clicaremos en *Define,* y allí indicaremos los diámetros de los dos elementos.

Indicaremos también la dirección de giro (*Same* o *Opposite*).

Ejemplo de aplicación

Unos engranajes dentados de una transmisión.	

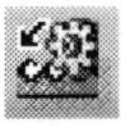 Rack Joint

Con esta orden podremos crear operaciones de arrastre entre un engranaje y una guía dentada.

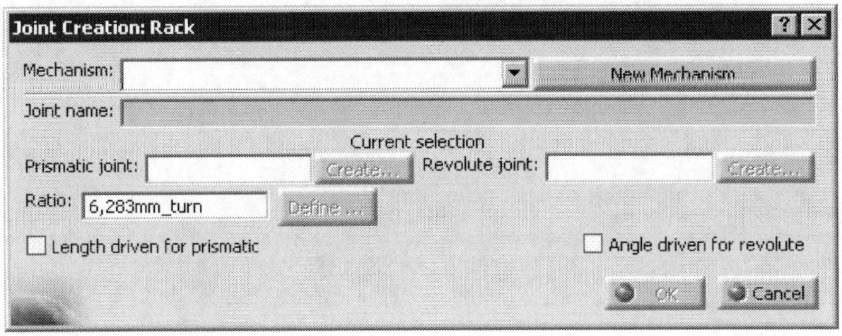

Para ello deberemos tener o crear durante la operación dos operaciones (*Prismatic joint*  y *Revolute joint* ).

Hecho esto definiremos la ratio (2π*r) o la definiremos seleccionando el *Círculo de contacto tangente*.

Deberemos limitar en el *Prismatic* para que la rueda no salga de la guía dentada.

Ejemplo de aplicación

Mecanismo de arrastre de tren por una cremallera.	

 Cable Joint

Podremos crear el movimiento que realizan dos piezas unidas por un cable imaginario. Podemos, a través de la ratio, variar el avance entre ellos.

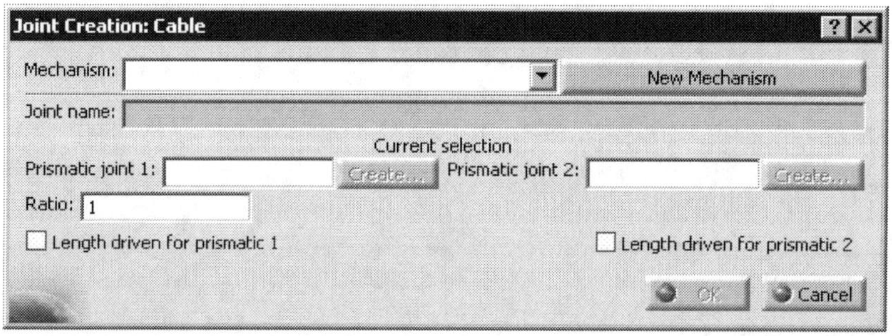

Para ello deberemos tener o crear durante la operación dos operaciones (*Prismatic* ).

Hecho esto definiremos la ratio. Si quisiéramos que el sentido de avance sea distinto, pondremos la ratio en negativo.

Ejemplo de aplicación

Un ascensor es un buen caso para entender la herramienta cuando el avance sea igual en ambos elementos.	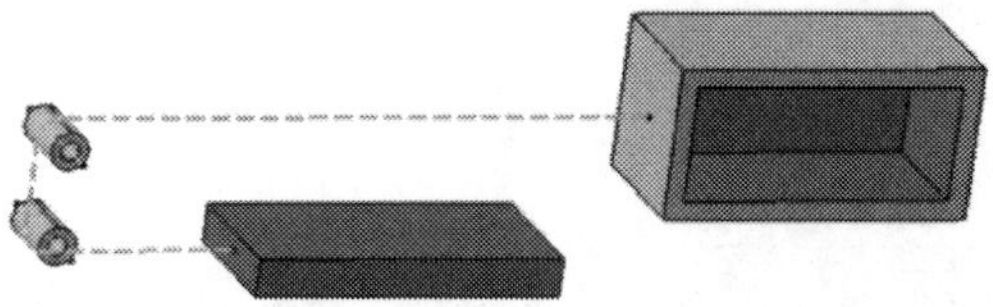

Axis-based Joint

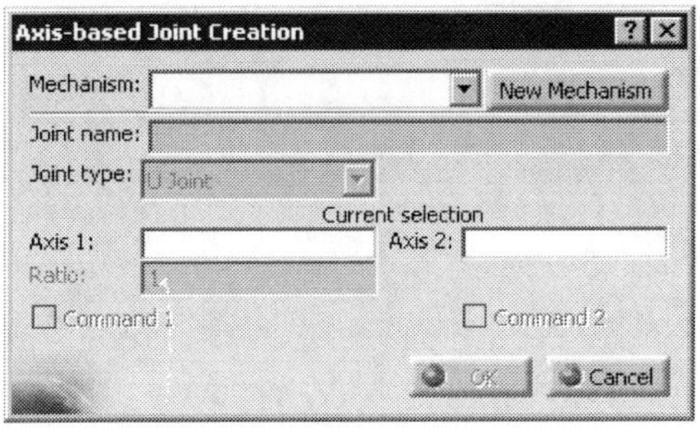

Nos permitirá realizar uniones entre sistemas de coordenadas.

Seleccionaremos dos ejes de dos piezas. Una vez hecho esto, a través del desplegable seleccionaremos qué tipo de unión/operación aplicaremos.

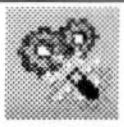

Assembly Constraints Conversion

Utilidad

Este icono nos permitirá convertir las *constraints* que tengamos en un *product* en uniones *Joint* del módulo DMU de CATIA.

Acceso

Accederemos a él a través del icono correspondiente en la barra de herramientas de DMU Kinematics.

Procedimiento

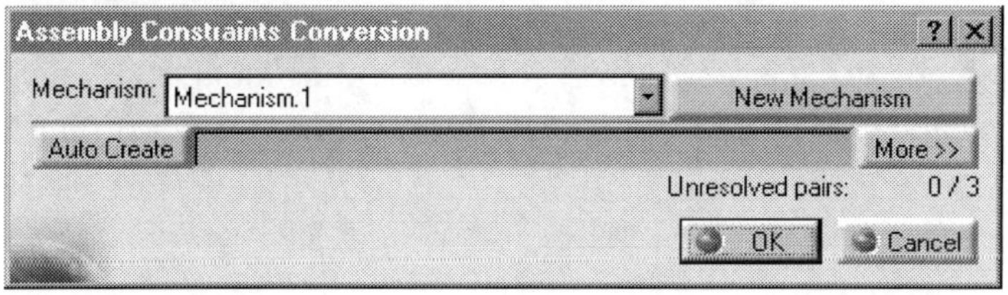

Crearemos el nuevo mecanismo.

Clicando en *Auto Create* hará que el programa interprete cada *constraint* con una operación.

Clicando en *More* aparecerán más opciones.

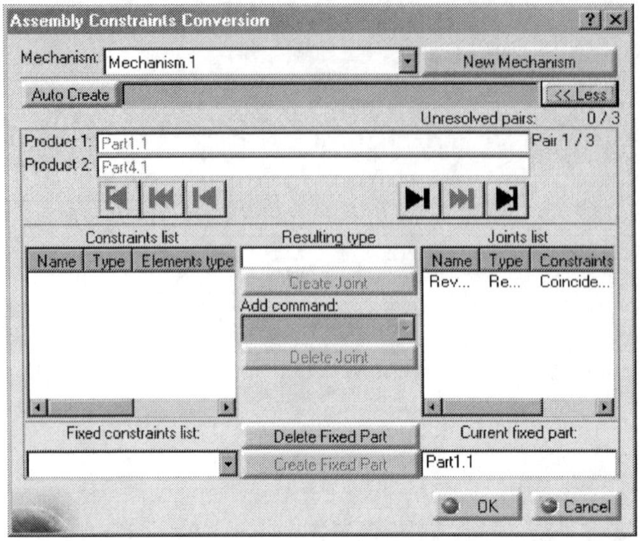

El cuadro nos permitirá, a través de dos columnas, relacionar cada *constraint* con un *Joint* de *Kinematics.* En la parte central definiremos, si se da el caso, los comandos que creamos oportunos para poder controlar y realizar la simulación.

Así mismo, en la parte inferior del mismo cuadro veremos dónde definir la pieza fija. En el caso de *Kinematics* solo puede ser una, situación que con *Constraints* no pasa.

Notas

Speed and Acceleration

Utilidad

Utilizaremos esta herramienta para poder generar/crear aceleraciones a nuestro mecanismo.

Acceso

Accederemos a él a través del icono correspondiente en la barra de herramientas de *DMU Kinematics*.

Procedimiento

Clicando sobre el icono se nos abrirá un cuadro.

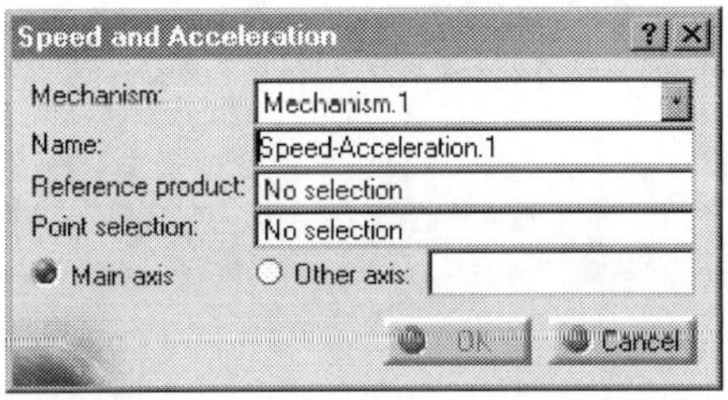

Notas

Debe haber valores en tiempo.

Mechanism Analysis

Utilidad

Este icono nos permitirá realizar un análisis de un mecanismo existente.

Acceso

Accederemos a él a través del icono correspondiente en la barra de herramientas de *DMU Kinematics*.

Procedimiento

Clicando sobre el icono nos aparecerá un cuadro de diálogo el cual nos informará del estado de los distintos puntos que definen nuestro mecanismo.

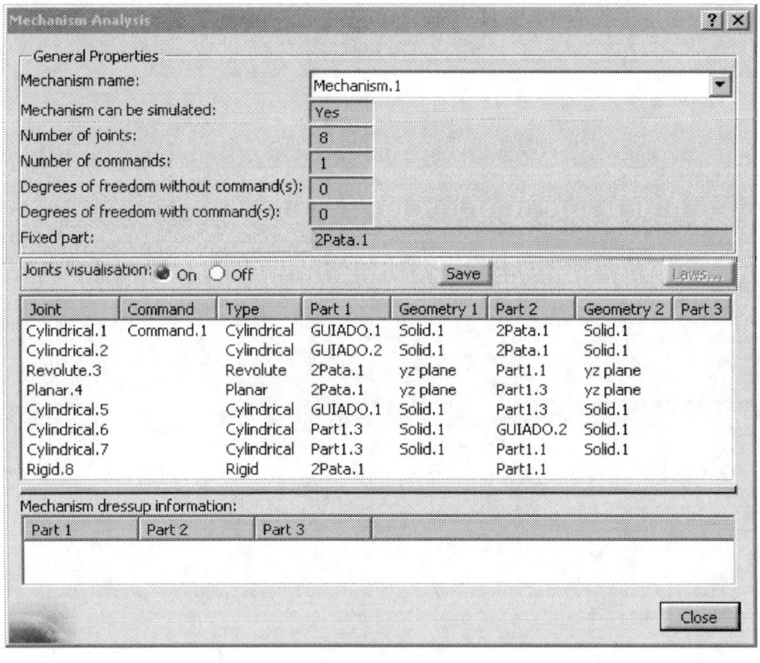

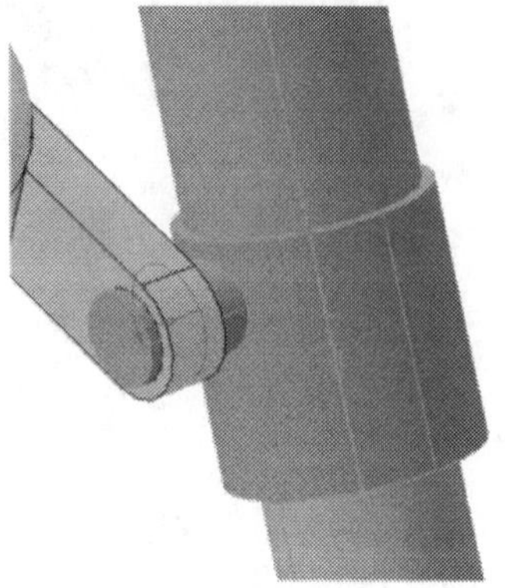

En el mismo cuadro podremos configurar nuestro entorno de trabajo para que visualicemos los *Joints* creados con pequeños símbolos/iconos en los puntos de unión.
En rojo, para elementos configurados sin posibilidad de variar sus valores. Y en verde, todo lo contrario. Así mismo al situar el ratón encima de los símbolos verdes podremos visualizar el movimiento permitido.

En el mismo cuadro, podremos encontrar una relación de los distintos elementos que configuran el mecanismo, así como sus relaciones.

Notas

Nos permitirá realizar un análisis del mecanismo.

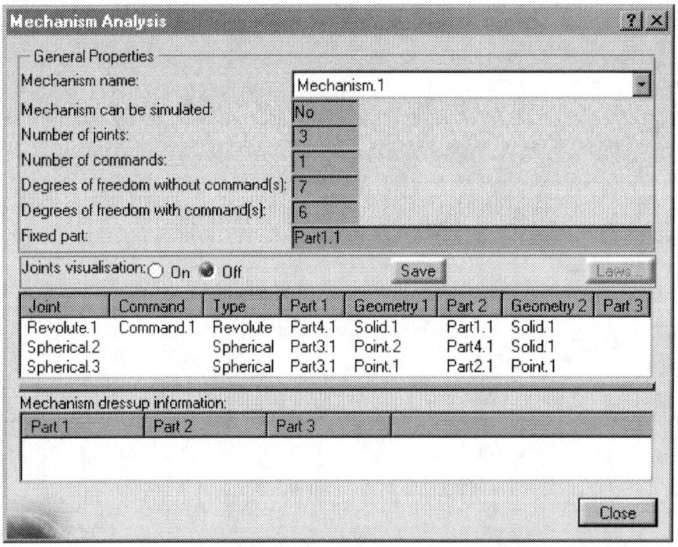

Update Positions

Utilidad

Este icono nos permitirá «updatar» un mecanismo, es decir, hacer aplicar los distintos *Joints.*

Acceso

Accederemos a él a través del icono correspondiente en la barra de herramientas de *Kinematics Update.*

Procedimiento

Clicando sobre el icono haremos aparecer un cuadro en el que deberemos seleccionar mediante un desplegable el mecanismo en el que aplicaremos el *Update*.

Marcando el cuadro de la parte inferior (*Take current...*) conseguiremos que a los elementos que no tengan *Joints* aplicados se les aplique un *Rigit* entre los elementos, manteniendo así sus posiciones.

Notas

 **Import Sub-Mechanisms**

Utilidad

Este icono nos permitirá importa los mecanismos de otro *SubProduct.*

Acceso

Accederemos a él a través del icono correspondiente en la barra de herramientas de *Kinematics Update*

Procedimiento

Clicando sobre el icono automáticamente cogerá y traerá (*Copy&Paste*) los mecanismos de los *SubProduct* al *Product* actual.

De este modo, actuará sobre ellos y creará una simulación.

Esto lo veremos en el árbol. Los *products* afectados pasarán a ser  *Flexible Sub-assembly.*

Notas

Reset Positions

Utilidad

Este icono nos permitirá volver a cero todos los movimientos de las piezas.

Acceso

Accederemos a él a través del icono correspondiente en la barra de herramientas de *Kinematics Update.*

Procedimiento

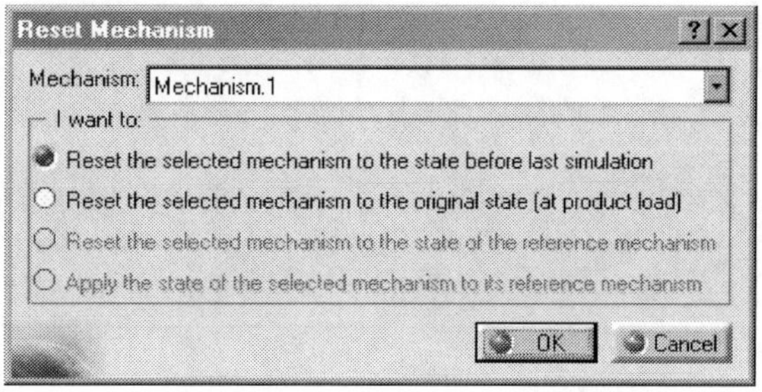

Clicando sobre el icono nos aparecerá un cuadro que nos indicara 4 maneras de volver a cero las piezas.

- A cero según *Commands*.
- A la posición que tenía al cargar el documento.
- A la *Home* (guardada previamente).
- Aplicar una *Home*.

Notas

Simlulation

Utilidad

Este icono nos permitirá crear una animación de un mecanismo.

Acceso

Accederemos a él a través del icono correspondiente en la barra de herramientas de *DMU Generic Animation.*

Procedimiento

Clicando sobre el icono, seleccionaremos los mecanismos que queramos simular.

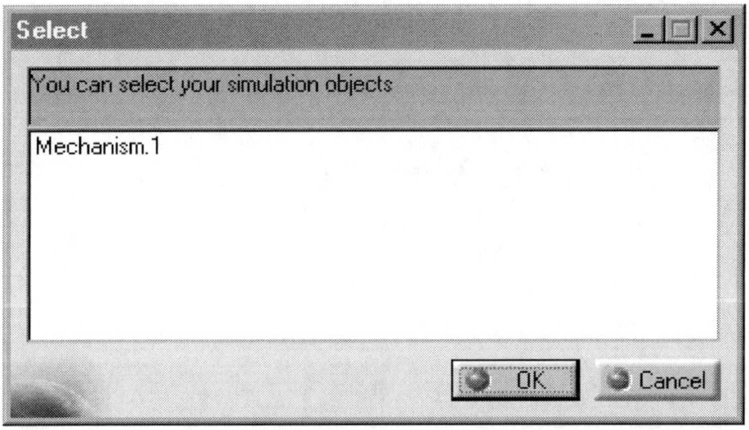

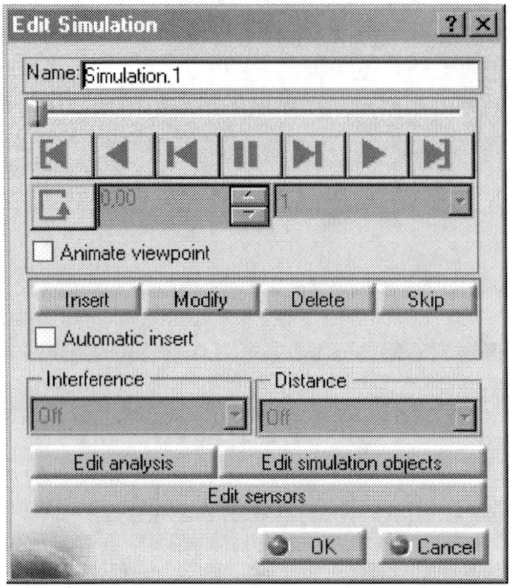

Con análisis podremos ver cómo las cotas 3D van variando y poder así controlarlas.

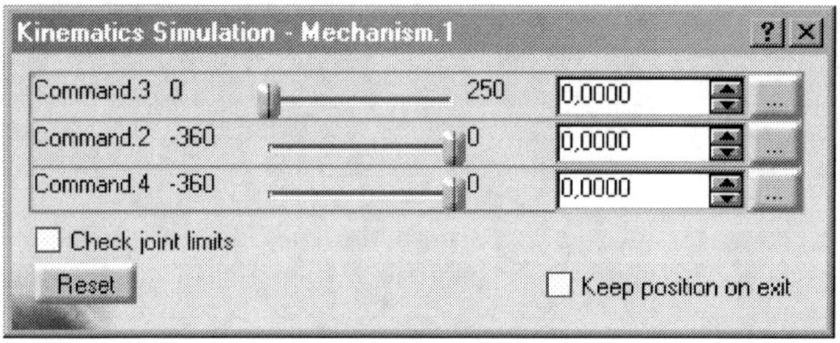

Con *Automatic insert*, se irán creando puntos de control (*Steps*).

Notas

Desplegando el icono, encontraremos una nueva barra de herramientas (*DMU Simulation Commands*) que nos permitirá realizar otras opciones dentro de la simulación ya creada.

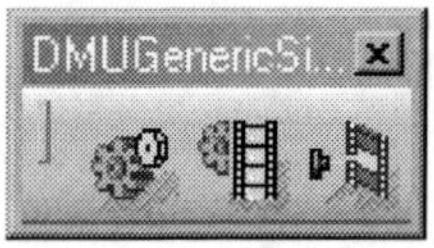

Compile Simulation

Compilar la animación.

Una vez hecha la simulación, podremos compilarla.

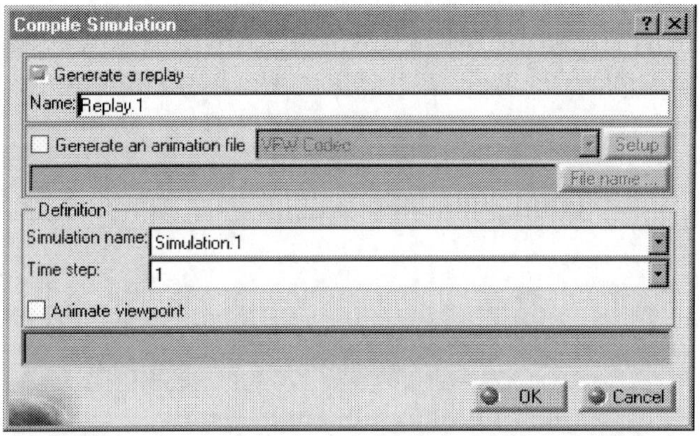

File name: Para poder generar un archivo de vídeo (Cinepak Codepak by Radius, AVI a una compresión).

Una vez compilada, se creará en el árbol una nueva rama llamada *Replay*, que es donde quedará guardada dicha animación.

Con el campo *Time Step* podremos controlar los puntos de paso de la animación. Cuantos más puntos mejor exactitud del movimiento.

Replay

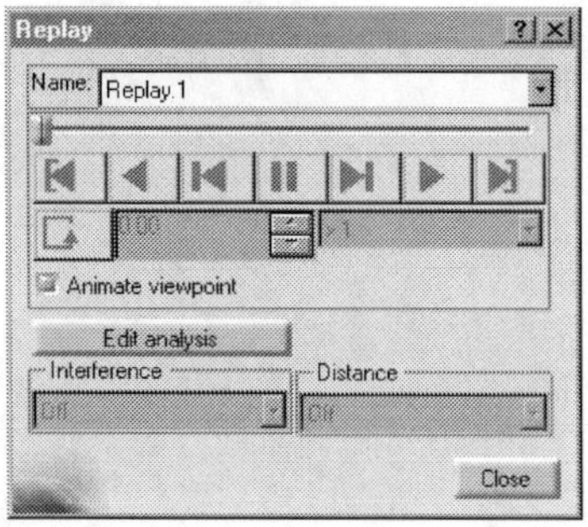

Controlaremos y visualizaremos las animaciones (*Compilate Simulation*) ya hechas.

 **Simulation Player**

Utilidad

Este icono nos permitirá visualizar las simulaciones así como crear elementos *Replay* en el árbol.

Acceso

Accederemos a él a través del icono correspondiente en la barra de herramientas de *DMU Generic Animation.*

Procedimiento

Clicando sobre el icono seleccionaremos la secuencia (*Secuence*) en el árbol que queramos controlar.

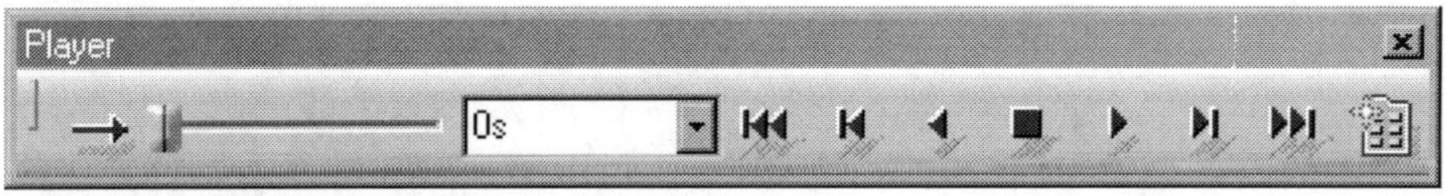

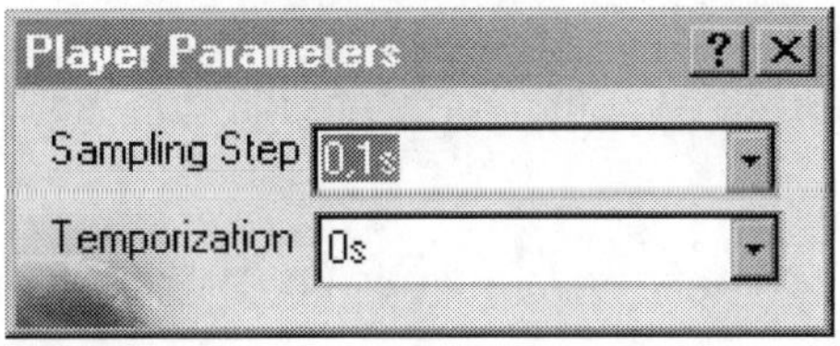

Notas

Desplegando el icono, encontraremos una nueva barra de herramientas (*DMU Player Commands*) que nos permitirá editar nuestra secuencia.

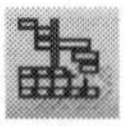 Edit Sequence

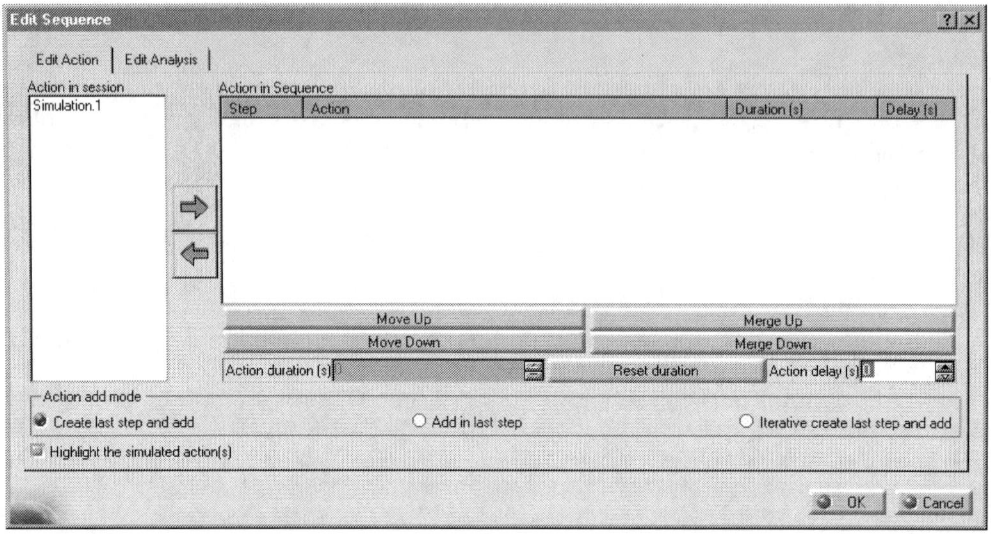

Definiremos el orden y tiempos de cada una de las secuencias que tengamos. Así como el momento que se pondrá en marcha cada animación.

Con los botones de *Move Up* y *Down* moveremos el orden de las simulaciones en la lista.

Con los botones de *Merge Up* y *Down* juntaremos las animaciones. Con *Merge Up* uniremos el seleccionado con el superior, y el *Merge Down*, con el inferior en la lista. Para deshacer un *Merge* seleccionaremos el elemento inferior que esta «mergeado» y clicaremos en *Merge Down*.

En la pestaña de *Edit Analisys* podremos ver y añadir en la animación las medidas que tengamos en 3D.

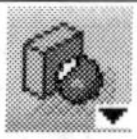 **Clash detection (Off)**

Utilidad

Este icono nos permitirá definir cómo veremos en tiempo real mientras trabajamos en nuestra simulación.

Acceso

Accederemos a él a través del icono correspondiente en la barra de herramientas de *DMU Generic Animation.*

Procedimiento

Desplegando el icono, encontraremos una nueva barra de herramientas (*Clash Mode*) que nos permitirá realizar las distintas visualizaciones de colisión.

Clash Deteccion (Off)

Con este icono inactivo, las posibles colisiones entre volúmenes del mecanismo no serán visualizadas, y los elementos seguirán su camino ignorándose entre sí.

 Clash Detection (On)

Con este icono activo, las posibles colisiones entre volúmenes del mecanismo serán visualizadas aunque los elementos no se detendrán, simplemente se indicarán coloreando en rojo las colisiones.

 Clash Detection (Stop)

Con este icono activo, el movimiento del mecanismo actuará de forma real, es decir, que en caso de colisión entre volúmenes el mecanismo se detendrá.

Notas

Swept Volumen

Utilidad

Este icono nos permitirá visualizar el barrido que genera un mecanismo.

Acceso

Accederemos a él a través del icono correspondiente en la barra de herramientas de *DMU Generic Animation.*

Procedimiento

Clicando sobre el icono nos aparecerá un cuadro al que deberemos añadirle, mediante selección, un *Replay* que hayamos creado. Para tener el máximo nivel y posiciones de barrido, deberemos seleccionar un *Replay* con muchos puntos de control.

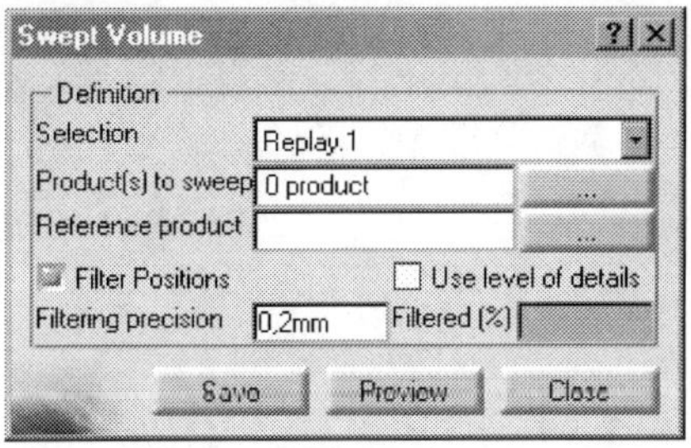

Con *product(s) to sweep* seleccionaremos los elementos (products) que se moverán y generaran el barrido siguiendo el movimiento definido en el *Replay*. En el campo de *Reference Product* seleccionaremos un product o part que servirá como referencia en cuanto a elemento fijo. En el caso de no seleccionar ningún elemento, la orden entenderá que el product principal que los engloba a todos es el punto de referencia fijo.

Filter Positions: seleccionar este cuadro si queremos definir las distintas posiciones del movimiento.

Filtering precision: medida de precisión al resultado del *Sweept*. Cabe destacar que cuanto más pequeño sea el valor, más memoria necesita CATIA para darnos un resultado. Es recomendable no abusar de este valor.

Use level of details: Seleccionaremos esta opción si queremos definir el nivel de *Filtered(%):*

Una vez visualizado podremos guardar el resultado utilizando el botón de *Save*, en formato de Imagen 3D (Cgr, Wrl ,Model ,etc..)

Notas

Trace

Utilidad

Este icono nos permitirá crear un trazo del movimiento.

Acceso

Accederemos a él a través del icono correspondiente en la barra de herramientas de *DMU Generic Animation.*

Procedimiento

Clicando sobre el icono y teniendo un *Replay* en el árbol, nos aparecerá un nuevo cuadro de diálogo.

En él seleccionaremos las piezas o elementos que querremos trazar y el producto o pieza de referencia.

Daremos el número de pasos.

En *Trace Destination* definiremos dónde queremos el resultado (en una nueva Part o en el producto de referencia).

Notas

Objetivo

Con el siguiente ejercicio, tiene como objetivo conocer las herramientas que hemos presentado anteriormente en un modo mucho más práctico.

Como todo en CATIA, existen un sinfín de caminos para llegar a un mismo objetivo. Eso hace que el proceso que expondremos a continuación no sea el único y mucho menos el mejor para llegar al objetivo deseado. Con el tiempo observaremos que, dependiendo de varios factores profesionales (tiempo, experiencia, utilidad), un ejercicio puede hacerse en 20 minutos o entre 8 y 10 horas.

Supongamos, por ejemplo, que nuestro cliente nos pide conocer los movimientos de un mecanismo para comprobar sus posibles colisiones así como su secuencia de funcionamiento.

Proceso

El proceso a seguir para realizar la simulación sigue unas pautas muy claras. Una especie de capítulos por los que debemos pasar respectando el orden expuesto a continuación:

- Creamos/Cargamos piezas en un solo product principal (*PartDesign*).
- Eliminamos todas las *constraints*. Para evitar este paso podemos guardar el product con una coletilla que nos recuerde que dicho product es de DMU (_DMU) o podemos también utilizar la herramienta de conversión de *constraints* a *Joints* (aunque no es recomendable utilizarlo de primeras).
- Creamos mecanismos con la creación de los *Joints*.
- Creamos *Commands* con los mecanismos en el caso de que haya más de uno.
- Analizamos resultado con la creación de una simulación y secuencia.
- Modificamos si fuera necesario las piezas, o si detectamos colisiones entre piezas (*PartDesign*).
- Tenemos el resultado esperado.
- Realizamos presentación en vídeo o a modo de informe.

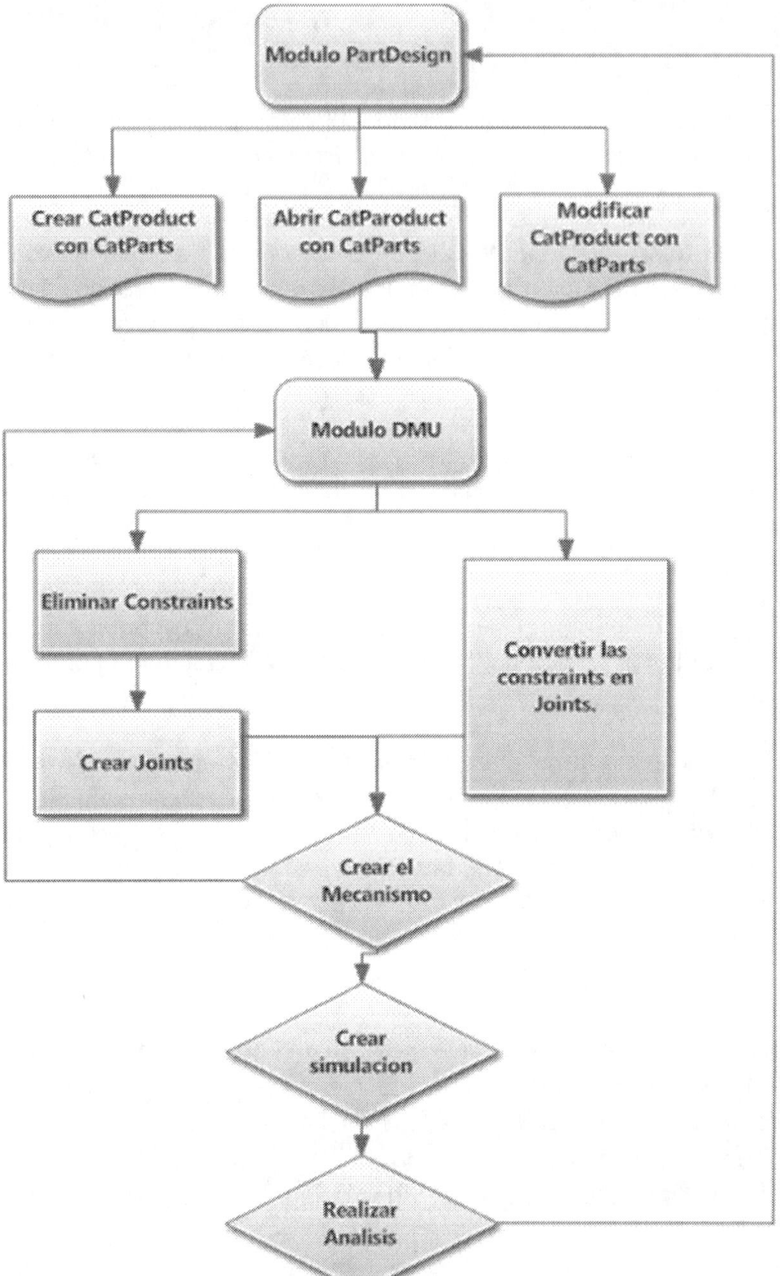
Modulo PartDesign
Crear CatProduct con CatParts
Abrir CatParoduct con CatParts
Modificar CatProduct con CatParts
Modulo DMU
Eliminar Constraints
Crear Joints
Convertir las constraints en Joints.
Crear el Mecanismo
Crear simulacion
Realizar Analisis
Crear presentacion

Practica 01 – Gato Mecánico

Abriremos el *CATProduct* llamado Jack. En él encontraremos una serie de piezas unidas con sus *constraints*. Este es un ejemplo que podríamos encontrarnos a la hora de decidirnos por generar una animación a partir de un *CATProduct* ya creado.

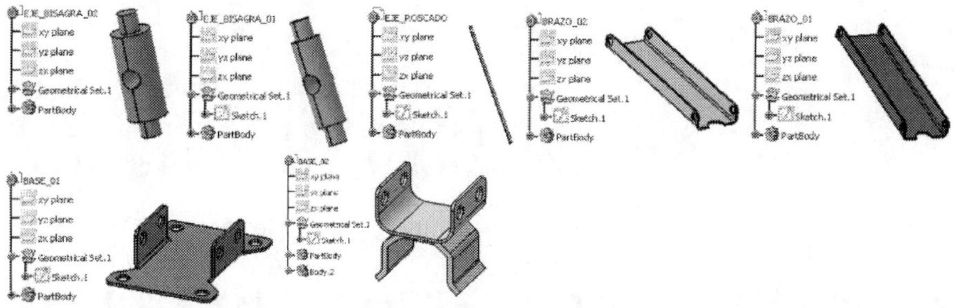

Primero de todo deberemos eliminar todas las *constraints* existentes, ya que durante el proceso de creación de DMU, volveremos a crearlas de cero.

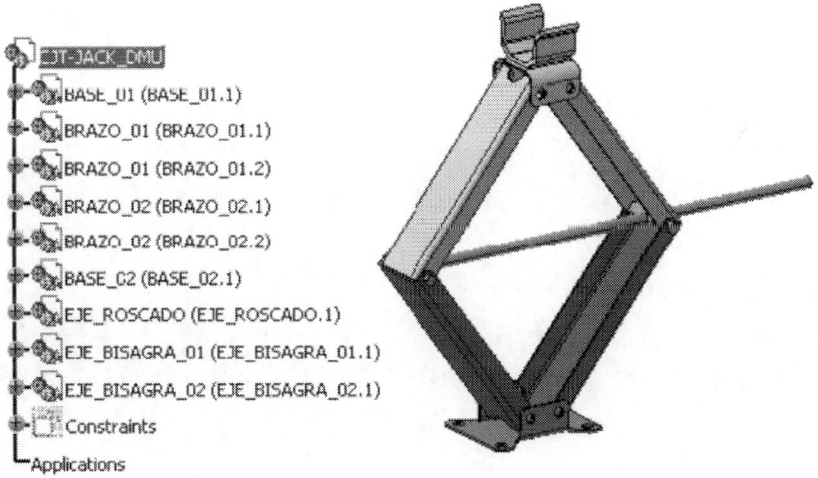

Clicaremos sobre el icono de *Fixed Part,* con la misión de definir un elemento del conjunto como elemento fijo del conjunto.

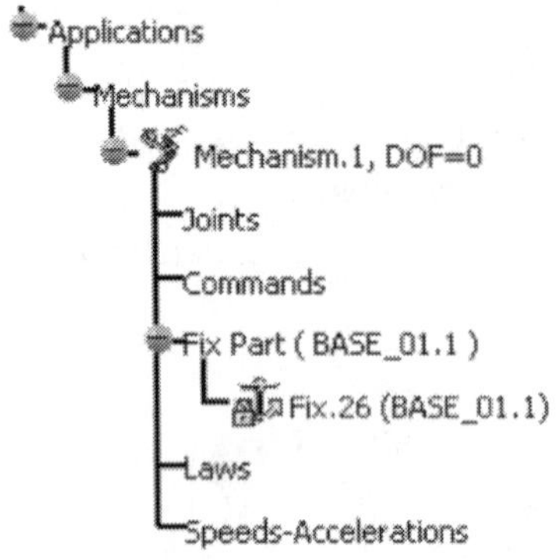

Desde el cuadro de diálogo crearemos el *Mechanism*, clicando sobre el botón de *New Mechanism*, al que llamaremos (por defecto) Mechanism.1 .

Una vez aceptado seleccionaremos la Part. BASE_01.CATPart del árbol. Hecho esto nos aparecerá en el árbol la información relativa a dicha creación.

A partir de aquí utilizaremos las herramientas que nos brinda la barra de *Kinematics Joints* para unir y relacionar cada elemento entre sí.

1º ELEMENTO	2º ELEMENTO	COMANDO	OBSERVACIONES
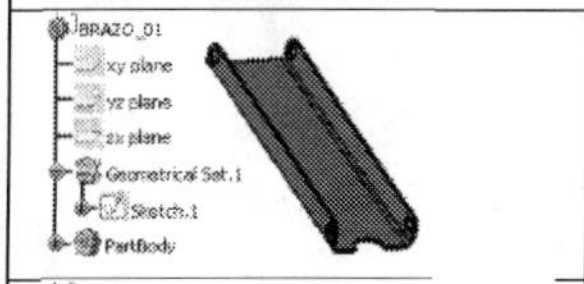	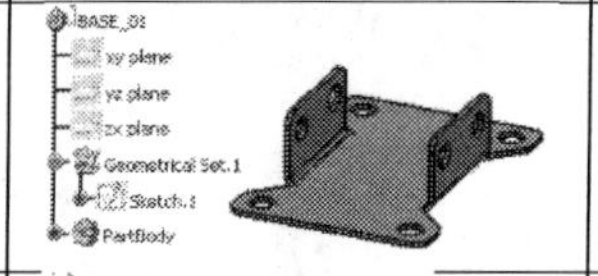	Revolute Joint	Haremos coincidir los planos (Z, X) de la pieza entre sí. Ambos son coincidentes.
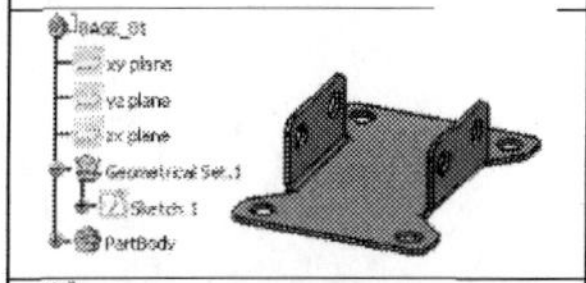	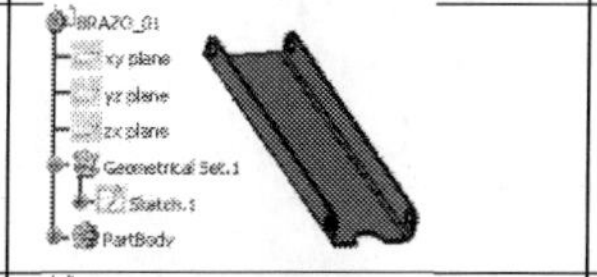	Revolute Joint	Haremos coincidir los planos (Z, X) de la pieza entre sí. Ambos son coincidentes.
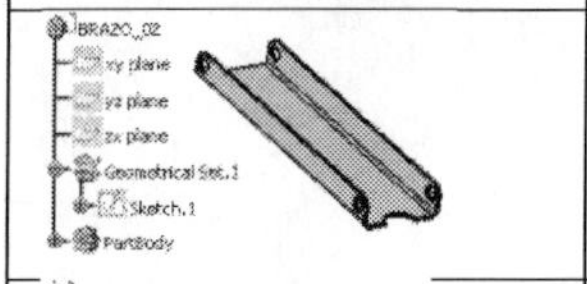	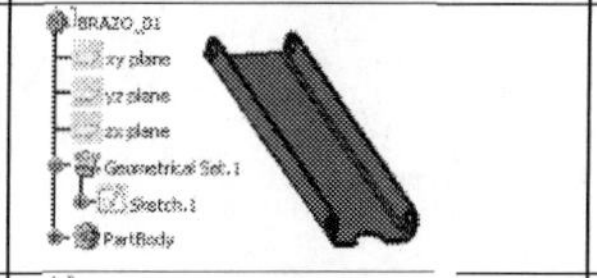	Revolute Joint	Haremos coincidir los planos (Z, X) de la pieza entre sí. Ambos son coincidentes.
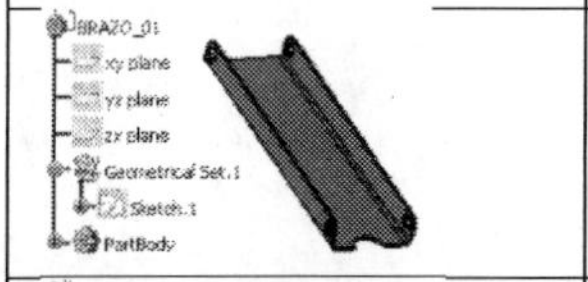	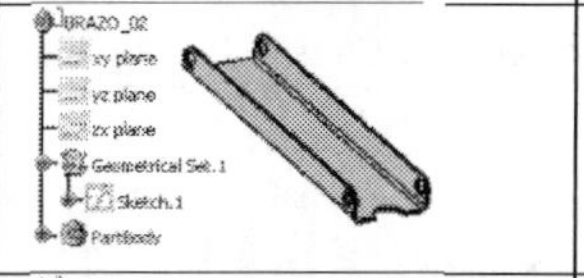	Revolute Joint	Haremos coincidir los planos (Z, X) de la pieza entre sí. Ambos son coincidentes.
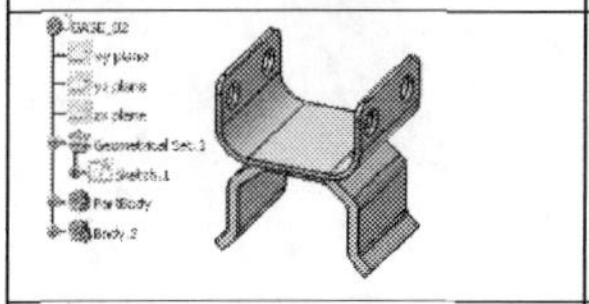	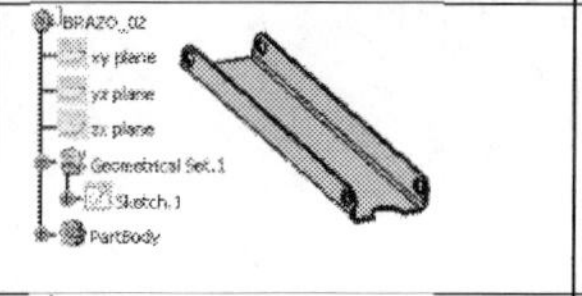	Revolute Joint	Haremos coincidir los planos (Z, X) de pieza entre sí. Ambos son coincidentes.
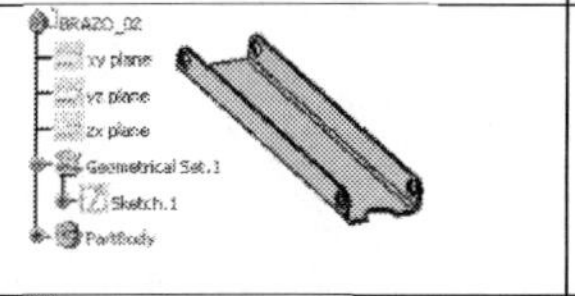	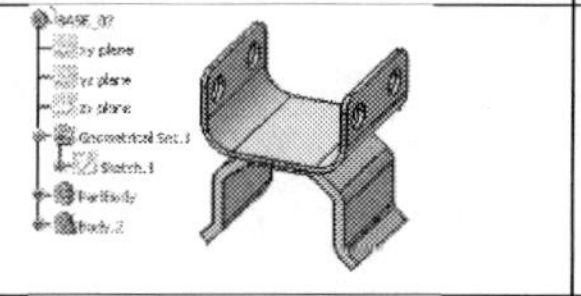	Revolute Joint	Haremos coincidir los planos (Z, X) de pieza entre sí. Ambos son coincidentes.
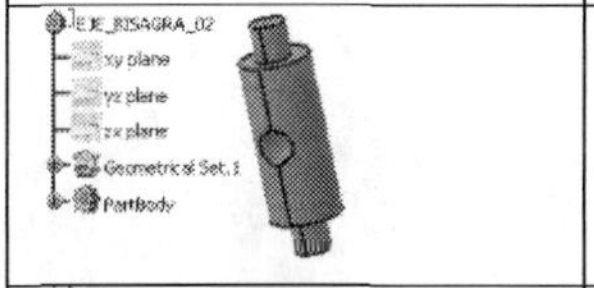	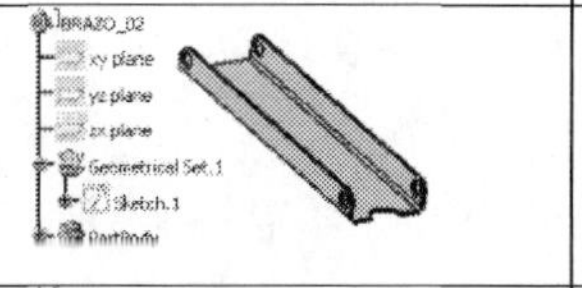	Revolute Joint	Haremos coincidir los planos (Z, X) de la pieza entre sí. Ambos son coincidentes.
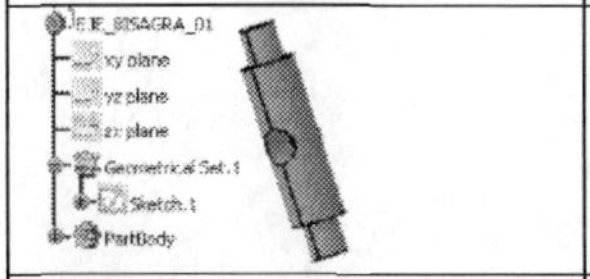	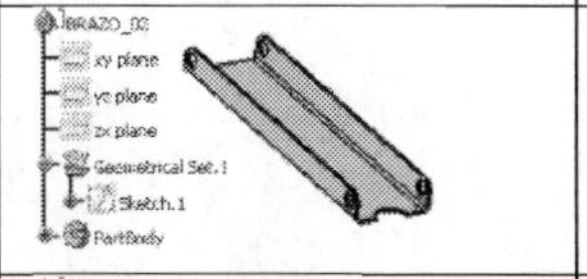	Revolute Joint	Haremos coincidir los planos (Z, X) de la pieza entre sí. Ambos son coincidentes.
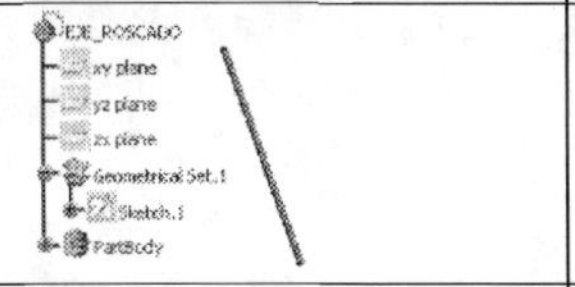	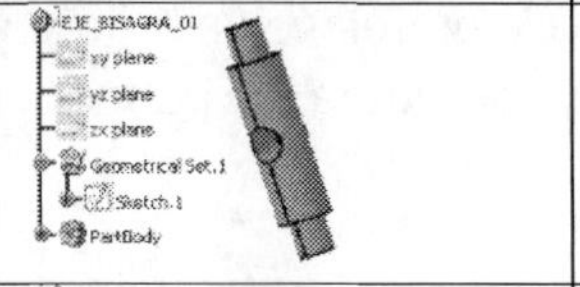	Screw Joint	Utilizaremos los ejes (centro rosca del eje y rosca de alojamiento. Pitch=10) y marcaremos la opción *Lenght driven.*
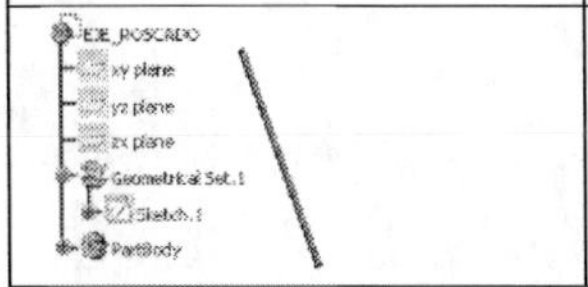	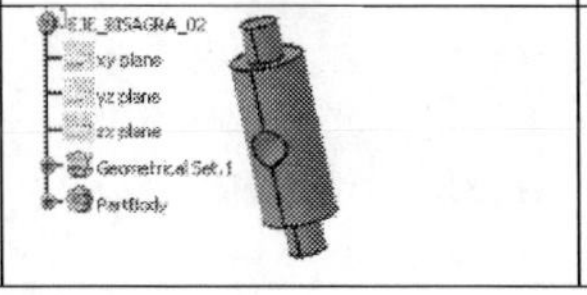	Revolute Joint	Haremos coincidir el plano (Y, Z) del EJE_BISAGRA contra la cara extrema del EJE_ROSCADO.

Una vez hecho esto el árbol del mecanismo (*Mechanisms*) nos queda de la siguiente manera:

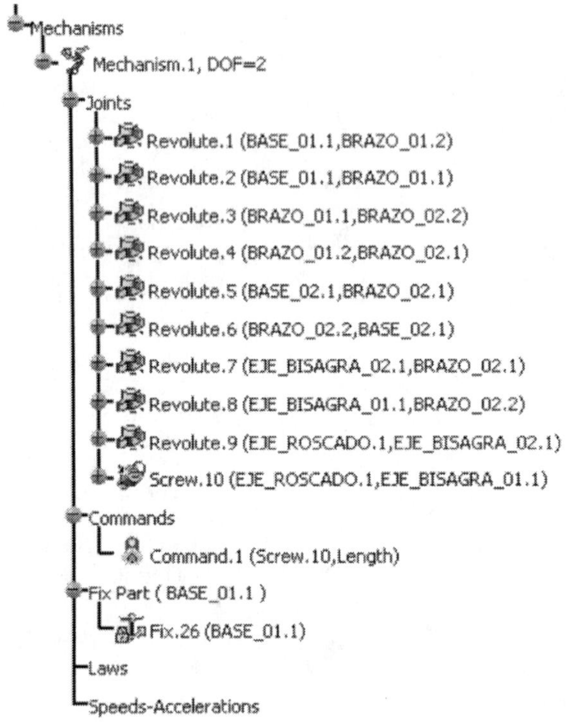

El árbol nos informa de que aún existen 2 grados de libertad (DOF). Eso quiere decir que nos queda algo por limitar.

Normalmente en este punto es cuando debemos pensar en las posibilidades de movimientos que tiene el conjunto.

En este caso detectaremos que existe una posibilidad de que no se mantenga el paralelismo entre las dos bases.

Para ello utilizaremos el *Cylindrical Joint* seleccionando los ejes verticales de los *scketchers* que encontraremos en cada una de las bases.

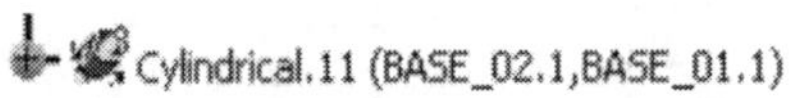

Una vez hecho esto, nos aparecerá un cuadro que nos informará de que el mecanismo puede ser simulado.

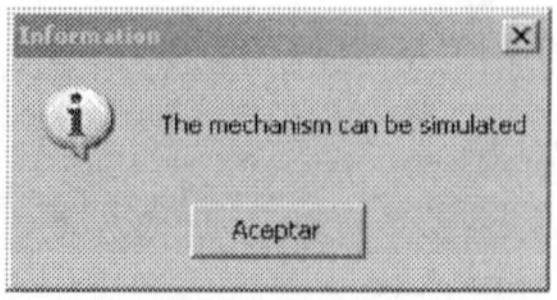

Hecho esto ya podemos entrar en el modo de simulación. Para ello clicaremos el icono de *Simulation with commands* 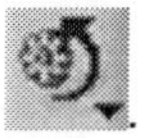.

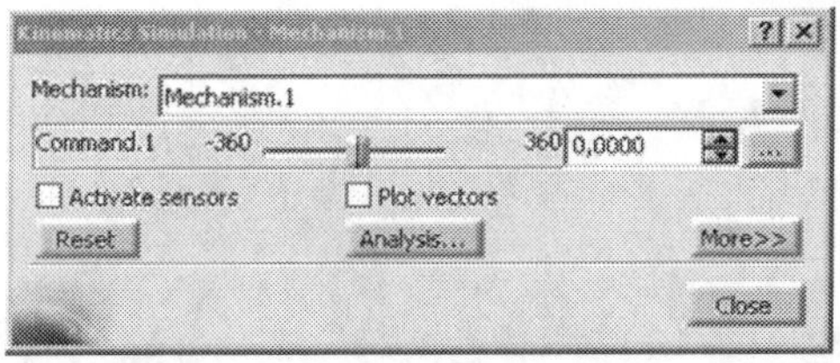

En dicho cuadro, definiremos los ángulos que deberá girar el eje. Por defecto tendremos -360 y 360. Dicho valor deberemos ir variándolo hasta encontrar el valor correcto.

Para ver la simulación con estos valores deberemos primero de todo clicar en *Reset,* de esta manera definiremos la posición *Reset* del mecanismo.

Acto seguido y con la ayuda de los comandos de *Player* que encontraremos en *More>>* podremos ver que los valores -360, 360 no son válidos para visualizar todo el movimiento de la tijera de elevación.

Así pues deberemos modificar los valores clicando el botón de edición (…) y dándole un valor correcto.

En este caso los valores son 0 y 10.000.

<u>Sensores</u>

Con los sensores podremos visualizar y extraer los valores que van modificándose durante la simulación.

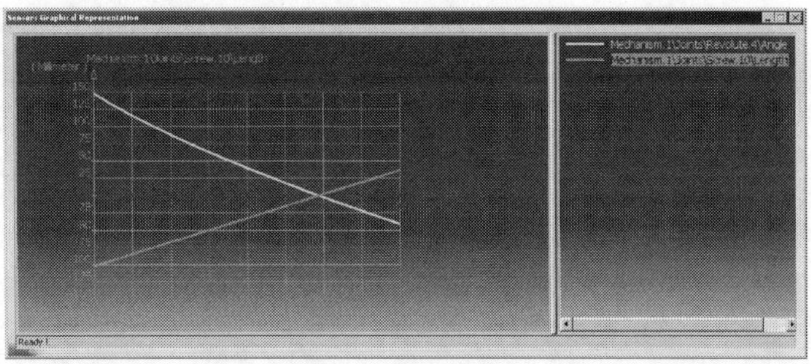

Para ello desde la pestaña de *Selection* iremos clicando los distintos elementos que queremos visualizar. Cada elementos que seleccionamos pasará a la lista que encontraremos en la pestaña de *Instantaneous Values.* Y en la pestaña *History* podremos ver los valores en el momento en que animemos la simulación desde el *Player.*

Hecho esto, podremos tratar dichos datos en forma de grafica (*Graphics...*) o en archivo (*File...*) Excel o txt.

Activate sensors

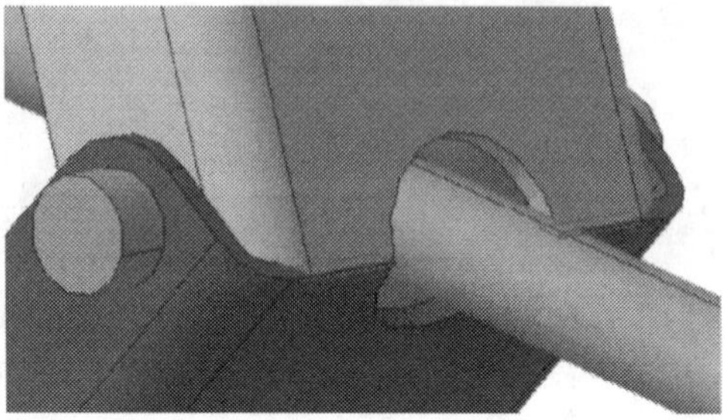

Es el momento de conocer la eficiencia y funcionalidad del diseño. Para ello vamos a controlar las posibles colisiones de las distintas piezas en el conjunto. Clicaremos sobre *Active Sensors,* allí seleccionaremos en la parte inferior el icono del medio de *Detect Clashes.* De esta manera podremos visualizar durante el movimiento las zonas de colisión y corregir el 3D si fuera necesario.

Hasta este punto podemos decir que tenemos configurado los movimientos de este grupo. Si fuera el caso ahora seguiríamos creando mecanismos e iríamos acumulándolos en el árbol. En nuestro caso solo necesitamos un mecanismo (subir y bajar la tijera).

Es el momento de crear la simulación.

Clicamos el icono correspondiente.

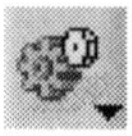 *Simulation*

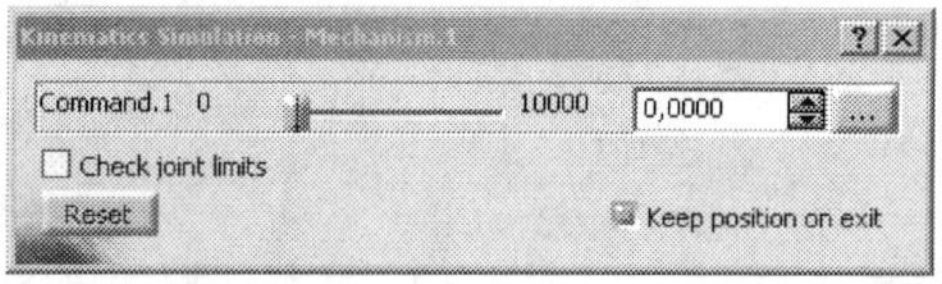

Al clicar sobre él se nos abrirá un cuadro con todos los mecanismos que tenemos en el árbol. Allí deberemos seleccionar el mecanismo que queremos simular.

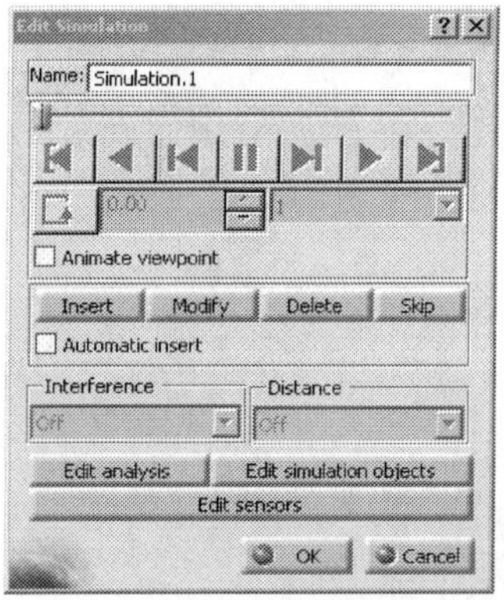

Con la ayuda de este cuadro podremos definir con el cuadro superior los puntos de control.

Para ello deslizaremos el *slide* a un punto inicio (valor = 0) y clicaremos en *Insert*. Acto seguido desplazaremos el *slide* al siguiente punto de control, en nuestro caso al final del *slide* (valor = 1000) y nuevamente clicaremos en *Insert*.

Hecho esto, en el cuadro inferior definiremos los pasos.

Nota: es recomendable marcar la opción *Animate viewport.*

Hecho esto, habremos creado el apartado *Simulation* en el árbol, y en él las simulaciones que vayamos creando.

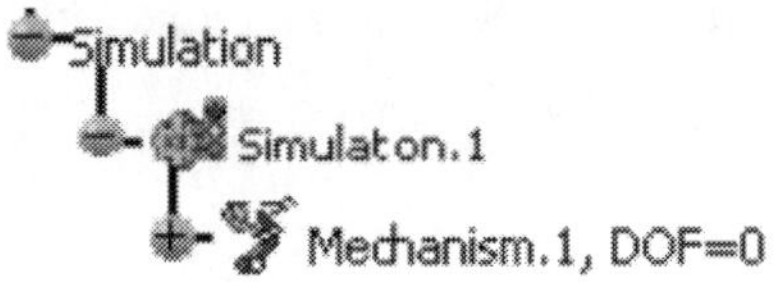

Edit Sequence

Una vez tengamos las simulaciones de los mecanismos, podremos crear las secuencias de la animación completa. Por ejemplo, en este caso queremos que la tijera realice un ciclo a una velocidad y que posteriormente realice el mismo ciclo pero más rápido después de una parada.

Para ello, clicaremos en el icono correspondiente a *Edit Secuence* 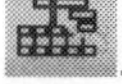. En él podremos marcar el orden de las simulaciones de la izquierda, y dentro de la lista de la derecha definir la velocidad (*Duration*), así como las posibles pausas (*Delay*) entre ellas.

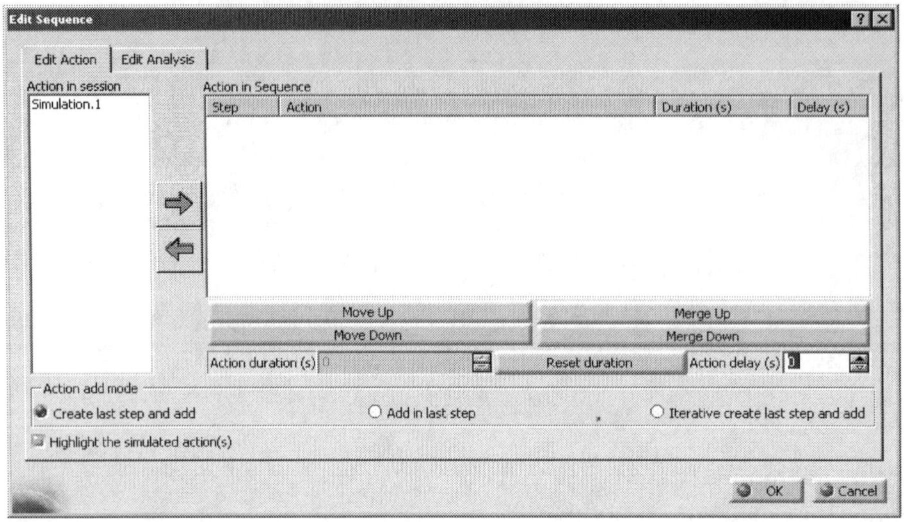

Con los botones justo debajo podremos reordenar las distintas simulaciones añadidas.

Al aceptar la tendremos añadida en el árbol.

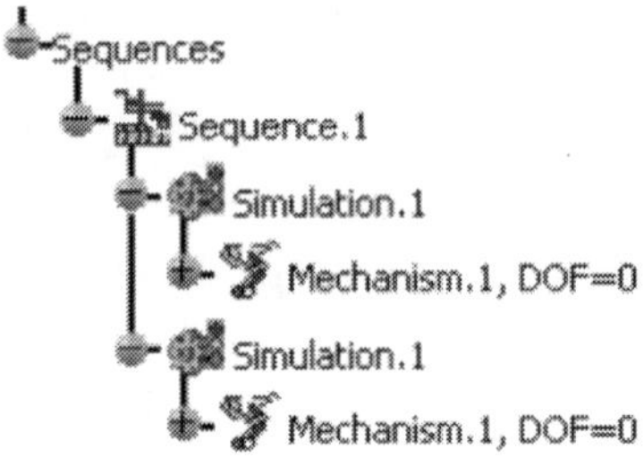

Base 01

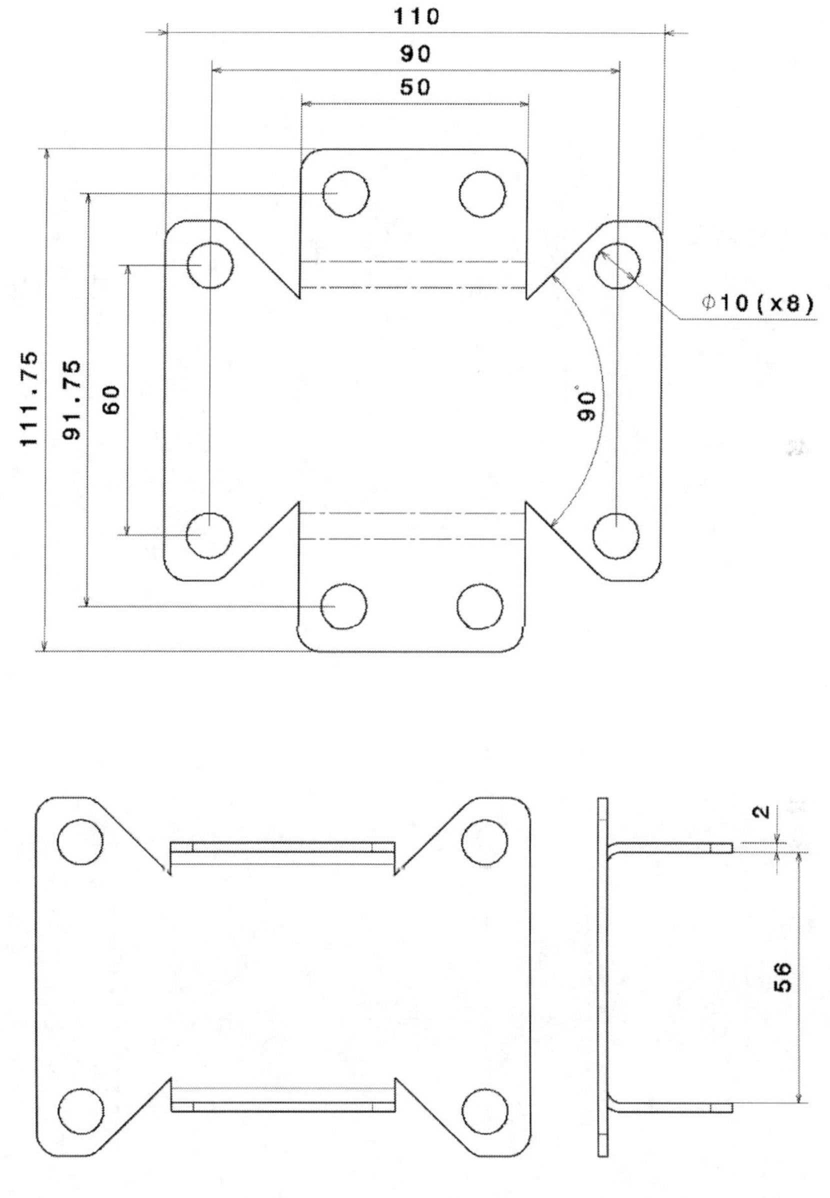

Base 02

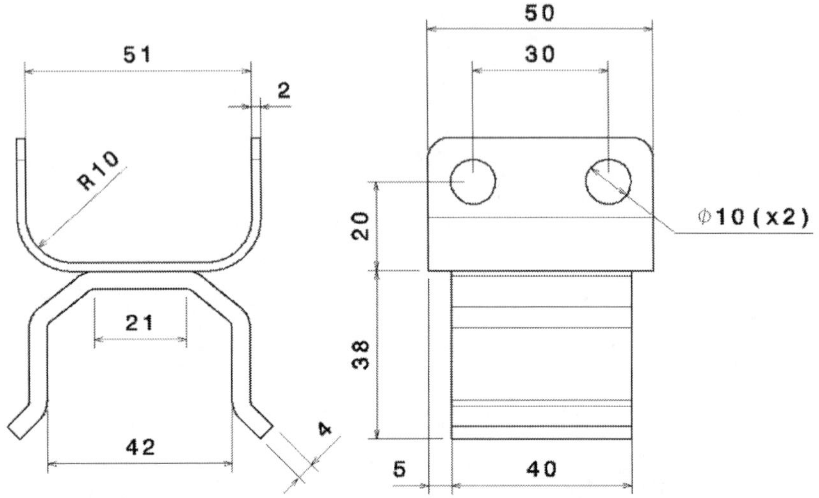

Eje Bisagra 01

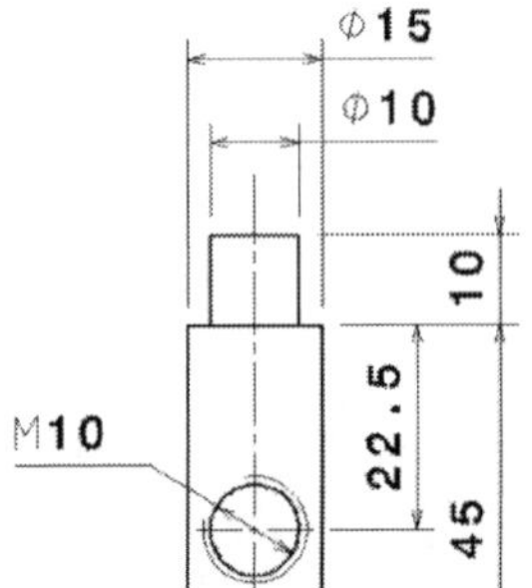

Eje Bisagra 02

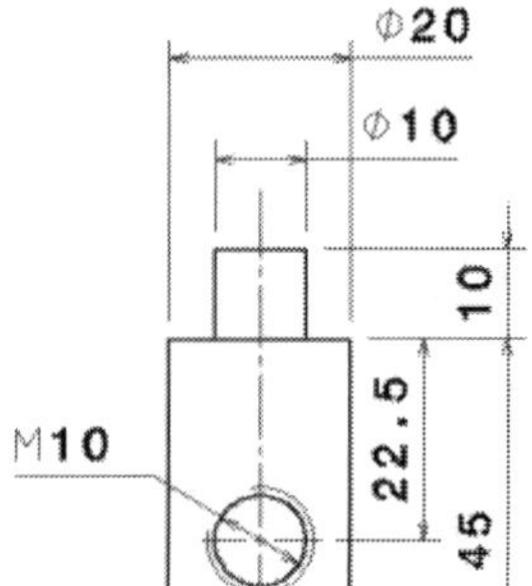

Brazo 01

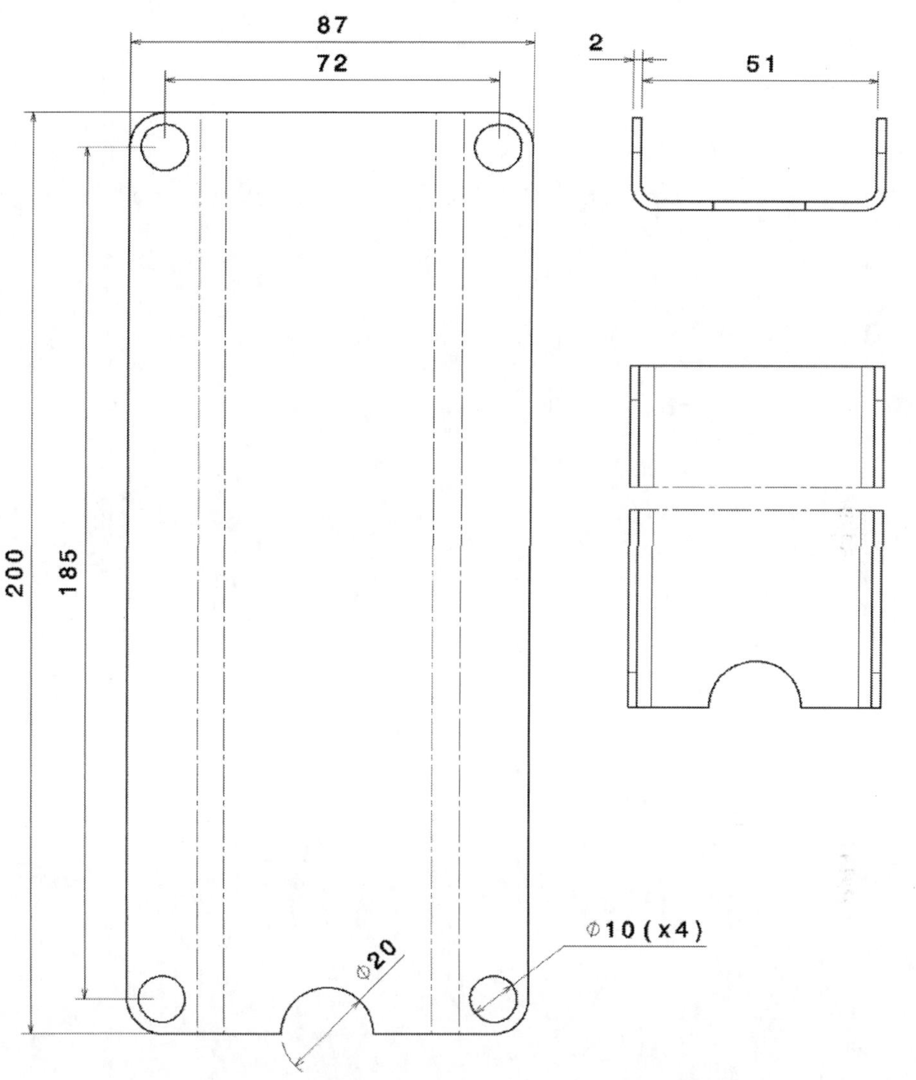

Brazo 02

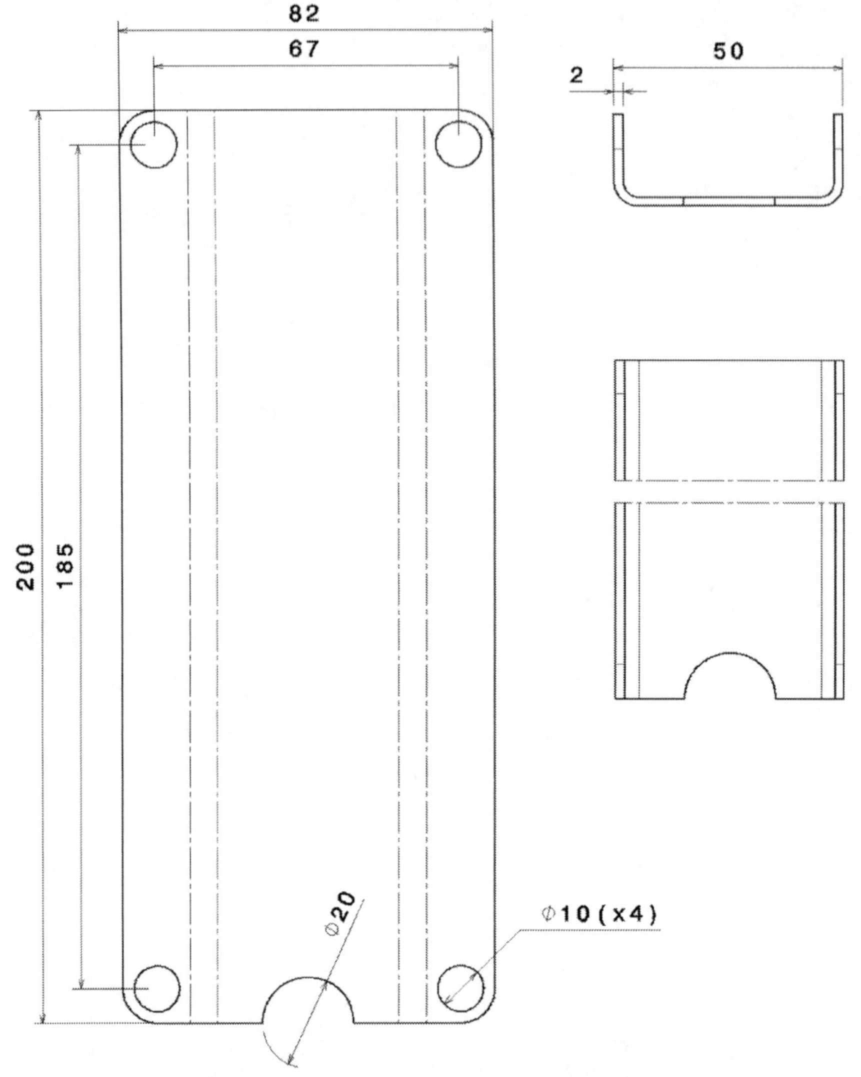

Eje Roscado

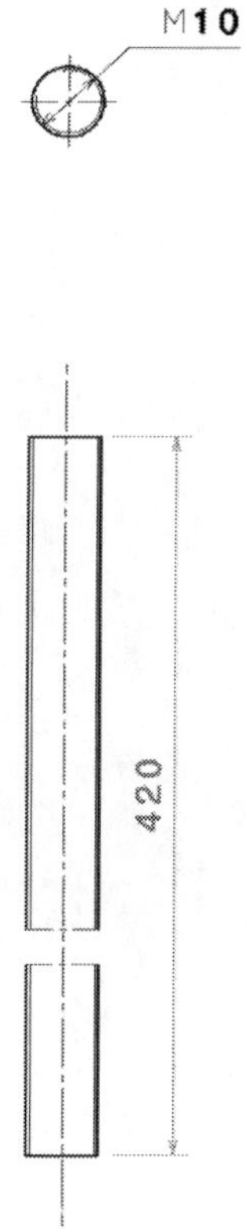

Practica 02 – Silla Plegable

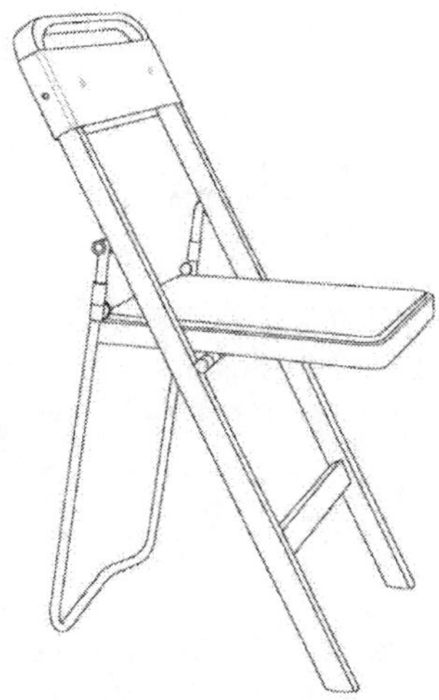

Cargamos o creamos los distintos elementos que componen una silla plegable.Podemos encontrar los planos de estos elementos al final del ejercicio.

- Patas traseras
- Cojineras
- Tope
- Respaldo

Lo primero que haremos será asignar un elemento como fijo. Para ello, clicaremos sobre el icono de *FixedPart* y, posteriormente, sobre el elemento a fijar en el 3D o el árbol de CATIA.

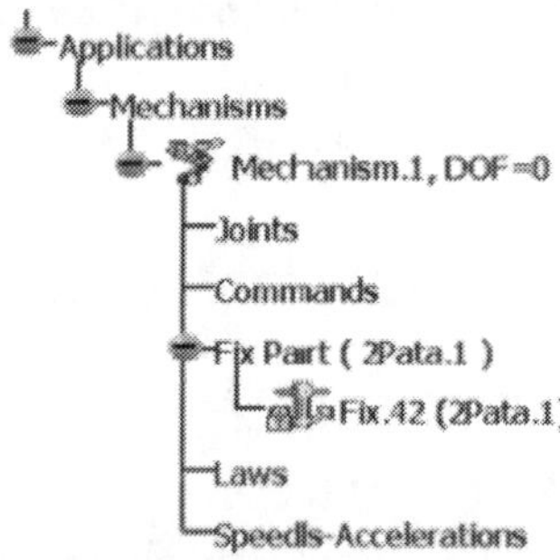

Nos aparecerá un cuadro de diálogo en el que deberemos definir el mecanismo. En el caso de no tenerlo, deberemos crearlo clicando sobre el botón de *New Mechanism*, al que llamaremos (por defecto) **Mechanism.1** .

Una vez aceptado seleccionaremos las patas traseras de la silla (*2Pata*). Hecho esto nos aparecerá en el árbol la información relativa a dicha creación.

A partir de aquí utilizaremos las herramientas que nos brinda la barra de *Kinematics Joints* para unir y relacionar cada elemento entre sí.

*El orden de creación carece de importancia.

VISUALIZACIÓN GRÁFICA	COMANDO	OBSERVACIONES
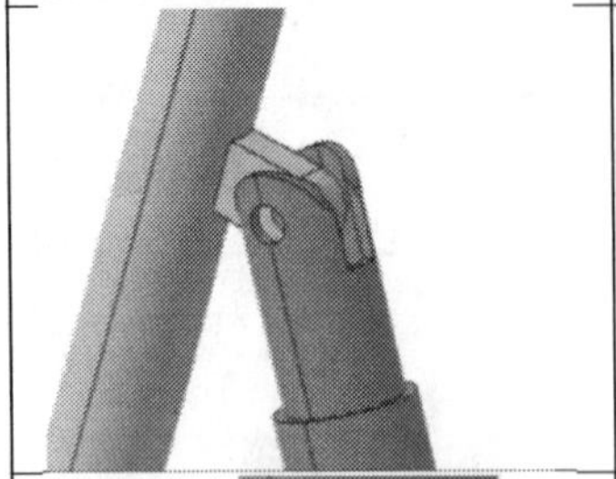	Revolute Joint	Haremos coincidir los dos ejes 2Pata (Line 1) y Respaldo (Line 2), así como los planos de centro de ambas piezas (Plane 1 y Plane 2). De esta manera le definimos a CATIA qué ejes deben ser coincidentes y sobre qué plano deberán deslizarse.
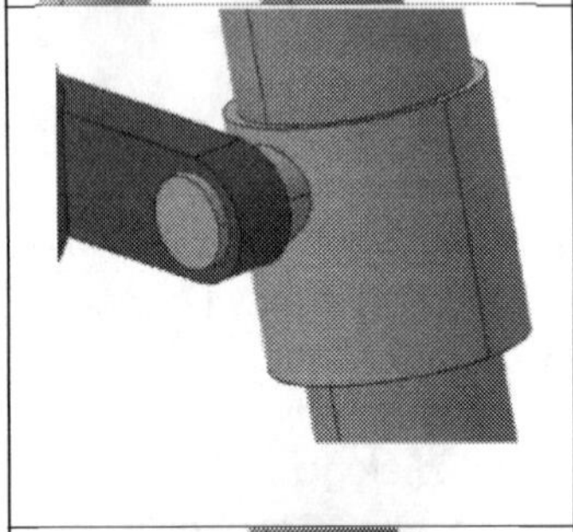	Revolute Joint	Haremos coincidir los dos ejes Cojinera (Line 1) y Guiado (Line 2), así como una superficie perpendicular al eje de cada (Plane 1 y Plane 2). Seleccionaremos la opción *Offset.* Nos llevará a una cota (2 mm) que aparecerá en el campo de *offset,* el cual deberemos mantener inalterable. De esta manera, le definimos a CATIA qué ejes deben ser coincidentes y sobre qué planos y distancia deberán deslizarse.
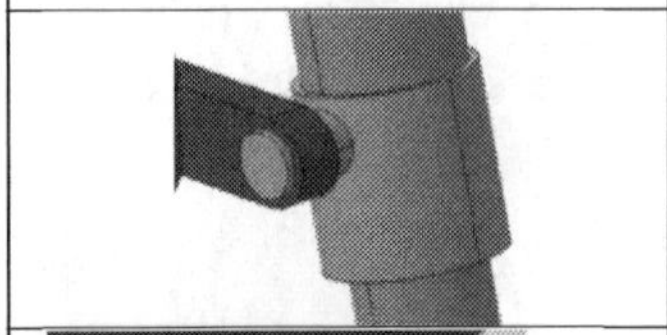	Revolute Joint	*Repetiremos esta operación en el lado opuesto.*
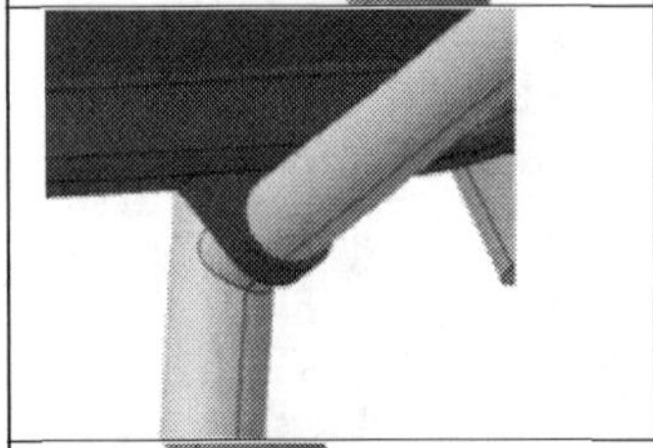	Revolute Joint	Haremos coincidir los dos ejes 2Pata (Line 1) y Respaldo (Line 2), así como los planos de centro de ambas piezas (Plane 1 y Plane 2). De esta manera le definimos a CATIA qué ejes deben ser coincidentes y sobre qué plano deberán deslizarse.
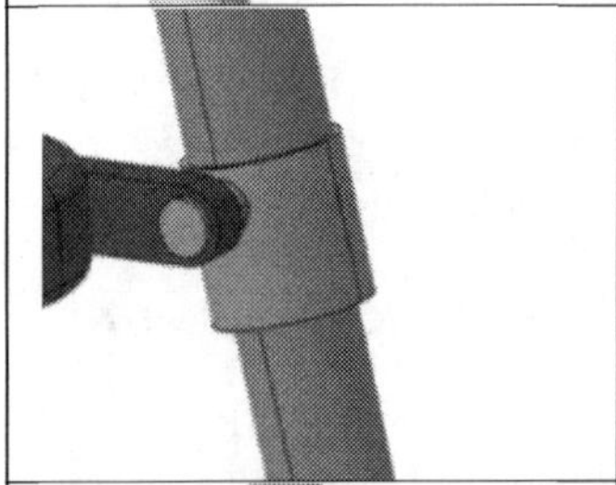	Cylindrical Join	Haremos coincidir los dos ejes Respaldo (Line 1) y Guiado (Line 2). Sin salir del cuadro, marcaremos la opción de *Lenght Driven*. De esta manera le definimos a CATIA qué ejes deben ser coincidentes y que estos deberán ser controlados con un Driven de longitud que definiremos más adelante.
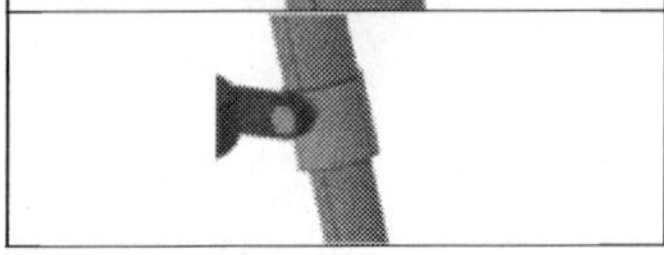	Cylindrical Join	En el lado opuesto realizaremos la misma relación y *Joint,* pero esta vez no marcaremos la opción de *Lenght Driven*.

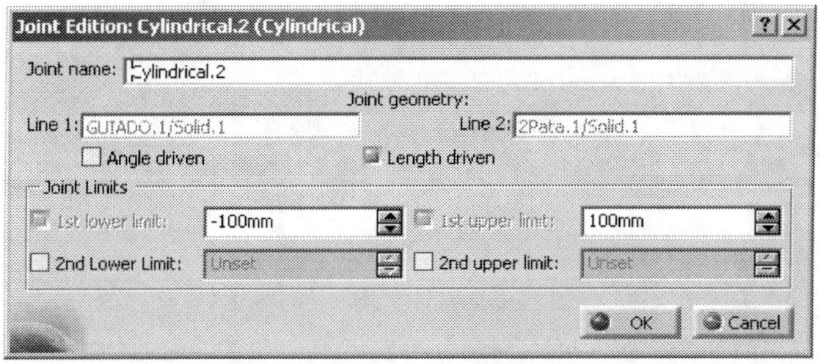

Una vez hecho esto el árbol del mecanismo (*Mechanism*) nos queda de la siguiente manera:

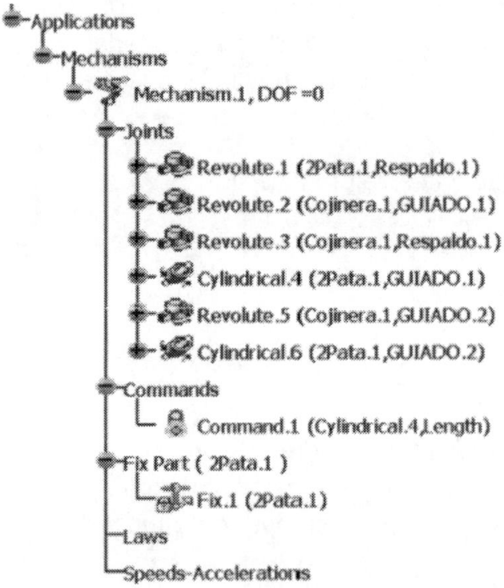

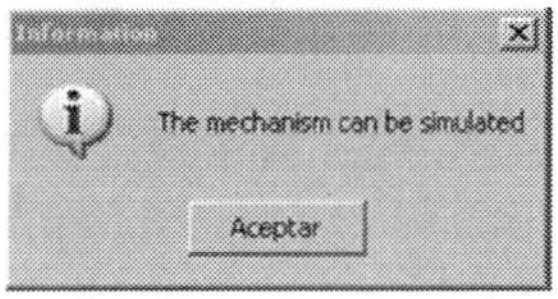

Una vez hecho esto, nos aparecerá un cuadro que nos informará de que el mecanismo puede ser simulado.

Hemos llegado al punto en el que podremos visualizar los movimientos que hasta ahora hemos creado y configurado.

Para ello entraremos en el apartado de simulación de proceso, mediante el comando *Simulation with Commands* .

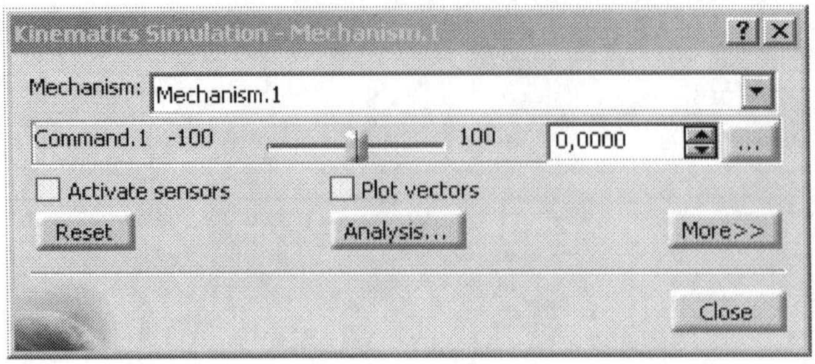

Observaremos que nos aparecerá un cuadro de diálogo. En este caso podremos ver los límites del rango de longitud del *Joint Cylindrical*, *Joint* que hemos aplicado en el último paso de creación de *Joints*.

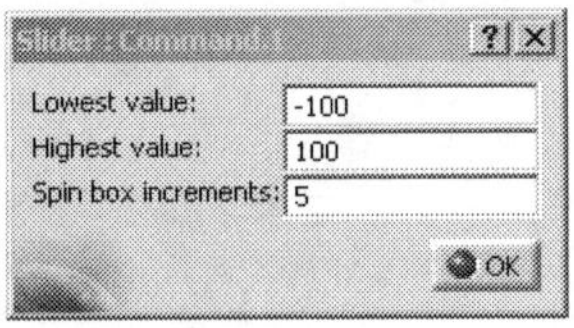

Por defecto, nos marcará los límites -100, y 100, que son unidades en milímetros. Para poder editarlas clicaremos sobre el cuadro que hay justo a la derecha de dicho *slider* e introduciremos los valores correctos.

En este caso, deberemos introducir los siguientes valores:

- *Lowest value*: 0
- *Highest value*: 157

Para llegar a esta conclusión, simplemente deberemos medir la distancia a recorrer desde el punto 0 (inicio) en el 3D.

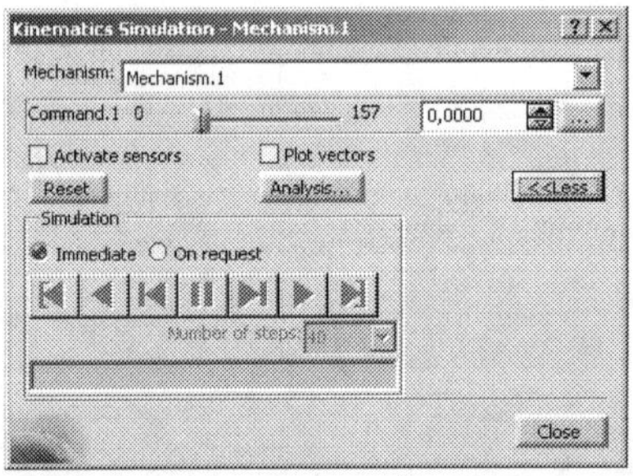

Clicando sobre el botón de *More,* se desplegará dicho cuadro. De este modo, podremos ver unos botones de control de reproducción.

Seleccionando la opción *Immediate* podremos mediante el *Slide* superior ver cómo se comporta el mecanismo, y seleccionando la opción *On request* podremos utilizar los botones del reproductor y visualizar de forma continua o a pasos cómo se comporta el mecanismo.

Patas traseras:

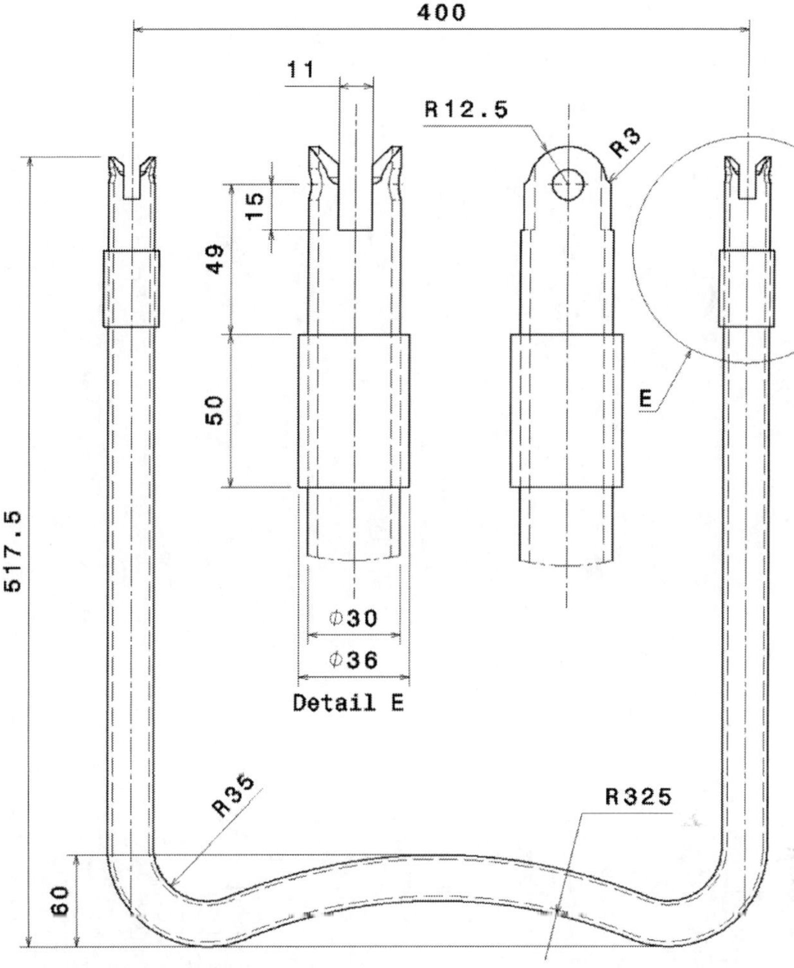

Cojinera

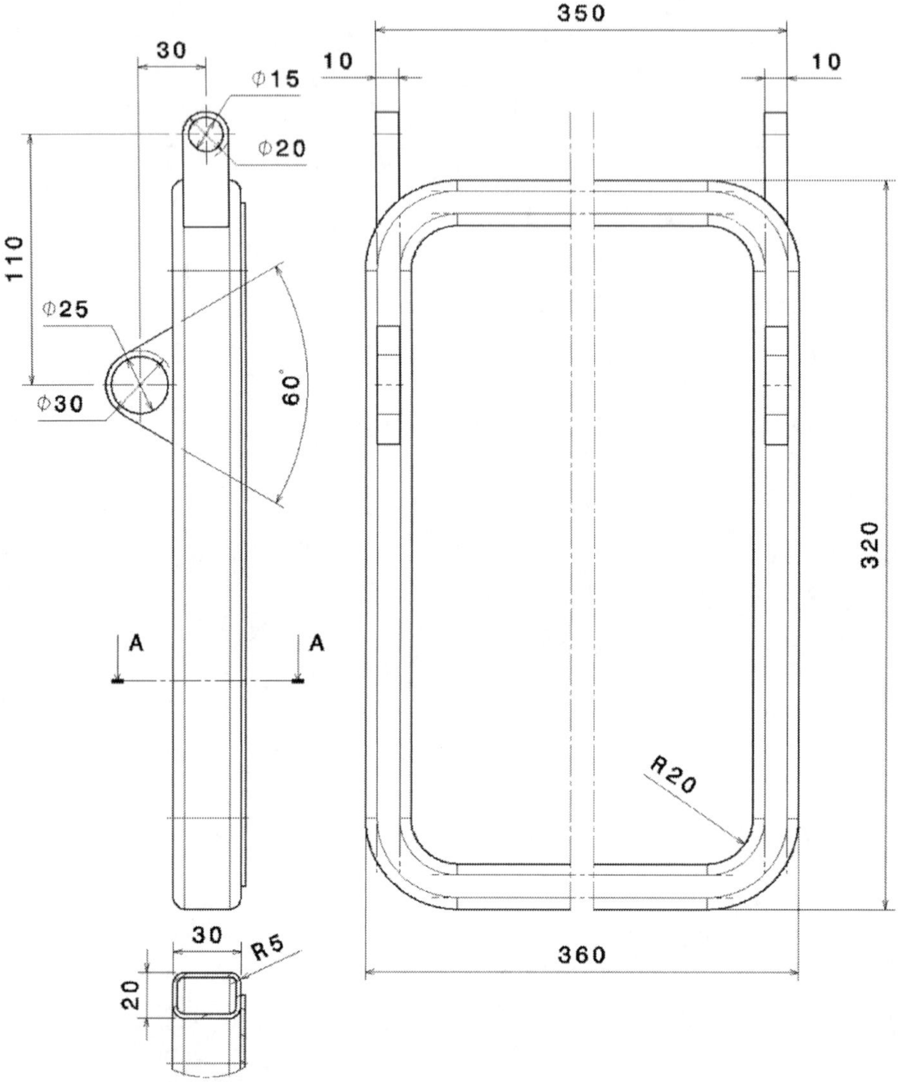

Section view A-A
Scale: 1:2

Tope

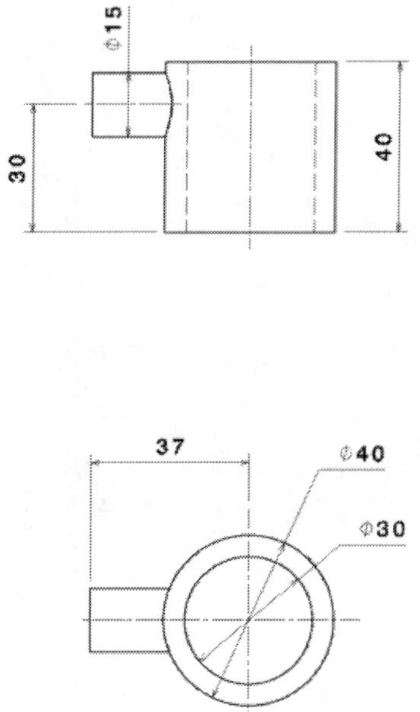

Respaldo

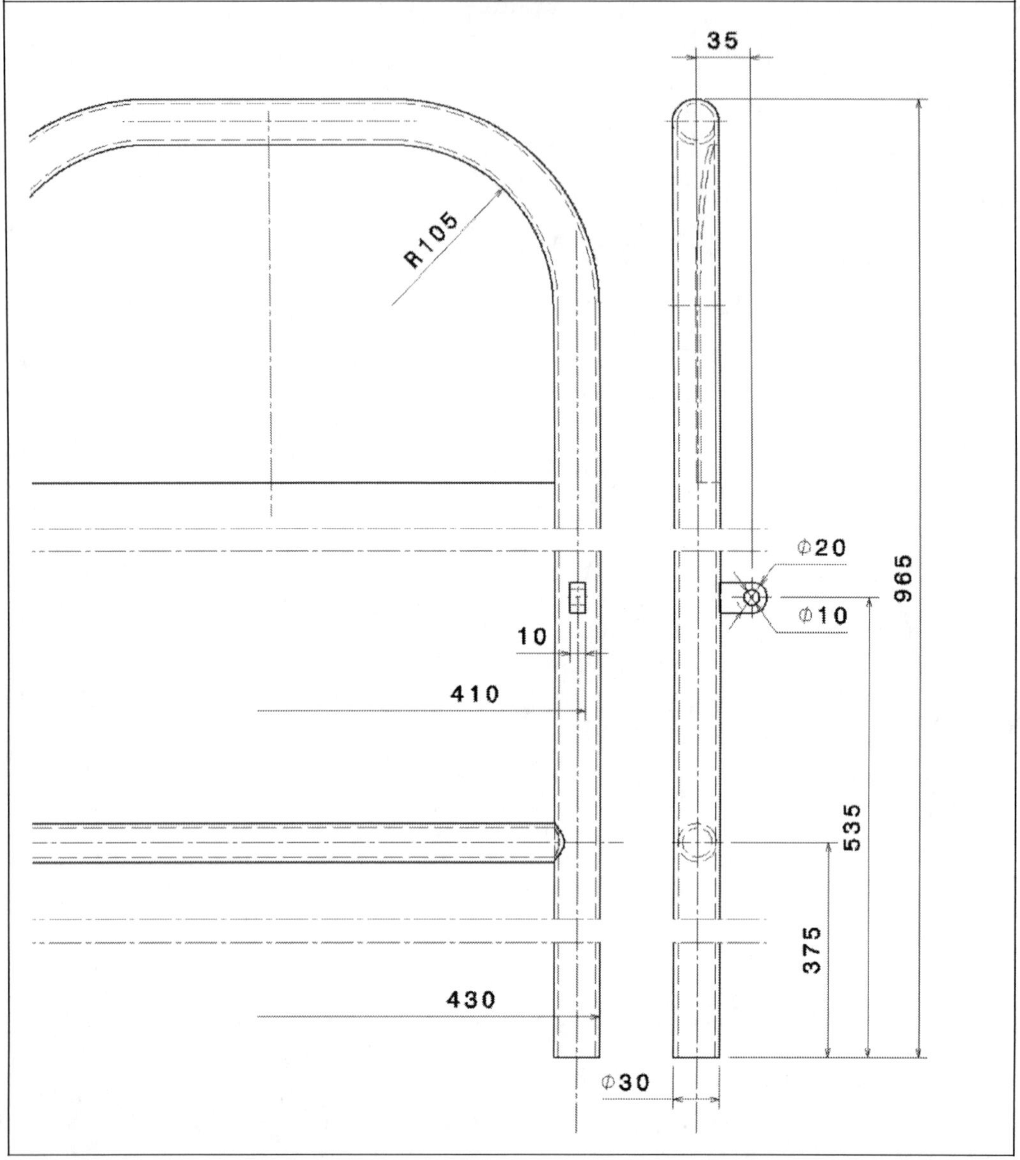